教育部人文社会科学研究项目(18JD710064)

高校理想教育变革研究

徐晓霞　著

山东大学出版社
SHANDONG UNIVERSITY PRESS
·济南·

图书在版编目(CIP)数据

高校理想教育变革研究/徐晓霞著.—济南：山东大学出版社，2021.8
ISBN 978-7-5607-7121-2

Ⅰ.①高…　Ⅱ.①徐…　Ⅲ.①大学生—思想政治教育—研究—中国　Ⅳ.①G641

中国版本图书馆 CIP 数据核字(2021)第 166470 号

责任编辑　徐　翔　张铭芳
封面设计　张　荔

出版发行　山东大学出版社
社　　址　山东省济南市山大南路 20 号
邮政编码　250100
发行热线　(0531)88363008
经　　销　新华书店
印　　刷　济南华林彩印有限公司
规　　格　700 毫米×1000 毫米　1/16
　　　　　10.5 印张　162 千字
版　　次　2021 年 8 月第 1 版
印　　次　2021 年 8 月第 1 次印刷
定　　价　56.00 元

目　录

绪　论

理想信念是人的“钙”。我们党长期以来非常重视大学生的理想教育，始终把“培养什么人”“如何培养人”“为谁培养人”这一重大课题摆在重要位置。系统深入地研究高校理想教育，是高校思想政治教育实践的迫切需要，也是马克思主义理论学科建设和理论发展的必然要求。大学生是国家和民族的未来与希望，是整个社会力量中最积极、最有生气的部分，培养具有坚定政治信仰和现代专业知识的青年一代是强国富民的重要基石。以习近平同志为核心的党中央从推进伟大事业、建设伟大工程、进行伟大斗争、实现伟大梦想的高度，“从培养中国特色社会主义合格建设者和可靠接班人的高度，以立德树人为根本，以理想信念教育为核心，以社会主义核心价值观为引领，以全面提高人才培养能力为关键，聚焦提升高校思想政治工作质量，对新形势下加强和改进高校思想政治工作作出一系列重大部署，推进高校思想政治教育理论和实践创新”①，取得了辉煌的成果。高校理想教育有着深刻的历史渊源，本书在文献研究的基础上，结合比较研究法和经验总结法，对新中国成立后各个时期高校理想教育的发展轨迹进行梳理、概括和研究，阐释七十多年来高校理想教育的基本内容、路径、特点和经验，以期为提高当前高校理想教育实效性提供有益的借鉴。

① 冯刚主编：《改革开放以来高校思想政治教育发展史》，人民出版社2018年版，第12页。

一、高校理想教育的发展历程

高校理想教育始终紧扣时代的脉搏，是既曲折多彩又艰难迂回的不断发展的奋进历程，本书对高校理想教育的情况进行研究，按照时间发展的顺序分为六个阶段来论述。

第一个阶段是从 1949 年至 1956 年新中国成立初期。

这一时期高校理想教育的主要内容是进行社会主义教育，培养大学生坚定正确的政治立场和政治方向，树立马克思主义人生观和为人民服务的思想，培养高尚的社会公德。教育方式主要包括开设并改革政治理论课程、建设完善高校政治工作制度等。

第二个阶段是从 1956 年至 1966 年全面建设社会主义时期，这一时期全党全国的工作重心转向经济建设，高校理想教育的主要内容是对大学生进行社会主义政治教育与无产阶级思想教育，培养共产主义道德品质和革命意志，走又红又专的道路。教育中注重发挥生产劳动、社会运动在理想教育中的作用，主要方式包括全面建设政治理论课程、加强对知识分子的教育与改造、政治辅导员与政治工作制度的建设等。

第三个阶段是从 1978 年至 1992 年改革开放初期，党的十一届三中全会实现了伟大的历史转折，制定了党在社会主义初级阶段的基本路线，即“一个中心，两个基本点”。这一时期高校理想教育迎来快速发展的时期，具有鲜明的时代特征，主要内容是对大学生进行改革开放的教育，坚定马克思主义理想信念，反对资产阶级自由化，树立全心全意为人民服务的思想，实现德育、智育、体育、美育全面发展。教育形式也丰富多样，包括“两课”在内的思想政治教育课程、高校政治工作制度与队伍的完善、生产劳动与社会实践教育、国防军事教育以及体育、卫生、艺术教育等。

第四个阶段是从 1992 年至 2002 年改革开放和现代化建设新时期，以江泽民为核心的第三代中央领导集体高举邓小平理论伟大旗帜，坚持解放思想、实事求是的思想路线，全面推进经济、政治、文化等方面的改革并取得重要进展，继续推动中国特色社会主义的伟大实践不断前进。这一时期世界发生深刻的变化，新的发展机遇也给高校理想教育带来严峻的挑战，在《中国教育改革和发展纲要》《公民道德建设实施纲要》《中国普通高校德育大纲》《爱国主义教育实施纲要》等文件的指导下，高等教育作为社会主义精神文明建设的重要组成部分，坚持走以内涵发展为主的道路，同样注重质量发展与内涵提升，深化教育体制改革，综合运用教育、管理与舆论等手段，实现高校全员育人、全过程育人。高校理想教育的主要内容是深化爱国主义、集体主义和社会主义思想教育，传播文明新风，弘扬社会正气，培养大学生良好的品德、行为习惯与健康的心理素质。教育方式包括深化"两课"建设、强化高校政治工作制度与队伍建设、加强网络教育平台建设、社会实践教育、志愿服务活动、校园文化建设以及国防教育等。

第五个阶段是从 2002 年到党的十八大召开之前，中国共产党带领全国各族人民，高举邓小平理论和"三个代表"重要思想伟大旗帜，全面贯彻落实"三个代表"重要思想和科学发展观，坚持解放思想、实事求是、求真务实、与时俱进，抓住战略机遇，战胜各种困难，继续开拓前进，努力构建社会主义和谐社会，不断开创中国特色社会主义事业的新局面。高校理想教育的内涵与作用也有了新的提升，即完成党中央提出的"建设社会主义核心价值体系"重大命题和战略任务，主要内容包括马克思主义指导思想、中国特色社会主义共同理想、以爱国主义为核心的民族精神和以改革创新为核心的时代精神、社会主义荣辱观。教育方式包括"两课"的建设与发展、社会实践教育、志愿服务活动、校园文化建设以及高校政治工作制度与队伍的建设与发展等。

第六个阶段是指 2012 年党的十八大胜利召开以来中国特色社会主义建设进入新时代发展，在全面贯彻落实习近平总书记系列重要讲话精神和党中央治国理政新理念新思想新战略的指引下，我国在内政外交、国计民生等领域取得了一系列辉煌成就。在这样的背景下，高校理想教育得到了前所未有的发展，是更加坚定、更具中国特色社会主义属性的理想教育。这个时期的高校理想教育以培养担当民族复兴大任的时代新人为目标，教育引导大学生坚持中国共产党领导，提高思想水平和政治觉悟，积极培育和践行社会主义核心价值观，抓住时代机遇，肩负时代重任，为实现"两个一百年"奋斗目标、实现中华民族伟大复兴的中国梦而努力奋斗。新时代高校理想教育在巩固前期成果中深化发展，不断提升科学化和规范化建设水平，思想政治理论课得到创新发展，持续推进网络思想政治教育，注重打造体现新时代精神、社会主义性质的校园文化，大学生心理健康教育也进入科学发展阶段。

本书按照时间发展顺序对高校理想教育进行了研究、考察，从1949年新中国成立起共分为六个阶段进行阐释，但由于研究内容涉及的历史跨度大，收集资料又有一定的局限，1967年至1977年这一时期的高校理想教育未作研究。

二、高校理想教育的内容、途径演变

（一）高校理想教育内容的演化

高校理想教育的内容坚持紧密结合中国国情，始终贯彻党的奋斗目标，具有鲜明的时代特征，而且内容丰富、层次分明，概括说来具有“不变化”与“变化”两种特性。具有“不变化”特性的理想教育内容是主线，主要包括四个方面。第一个方面是理想教育的目标是唯一的，即教育大学生树立共产主义远大理想、中国特色社会主义共同理想并为之努力奋斗。第二个方面是教育大学生始终坚持党的领导，坚持走社会主义道路，分清是非，培养坚定的政治立场。始终坚持从广大人民群众的根本利益出发，牢固树立全心全意为人民服务的思想。第三个方面是始终坚持马克思主义理论教育，用科学的理论武装头脑，教育大学生运用马克思主义基本立场、观点和方法认识问题、解决问题。同时，加强时事政策教育，帮助大学生深化对党和国家的路线、方针、政策的理解，澄清他们在思想意识领域、现实重大敏感事件等问题上的模糊认识，提高政治敏锐性和政治鉴别力。第四个方面是始终坚持并不断加强爱国主义教育、集体主义教育。爱国主义是中华民族的优良传统，具有强大的号召力，是全国各族人民共同的精神支柱，有助于青年大学生树立正确的世界观和人生观，奋发图强，为社会主义现代化建设贡献力量。

高校理想教育的内容发生变化主要源于国内和国际环境的变化，国际上社会主义运动逐渐转入低潮,全球化背景下中外经济文化交流加强,西方形形色色思想文化的涌入给理想教育带来巨大冲击。国内社会转型期的变革、市场经济的消极影响等增加了高校理想教育的难度。因此,高校理想教育的内容必定会随着时代的发展而有所变化。一是马克思主义理论教育增加了新的内容。马克思主义理论教育在新中国成立初期主要是以马克思列宁主义、毛泽东思想为主要学习内容,随着社会主义建设的不断推进,以邓小平、江泽民、胡锦涛、习近平等为代表的党中央领导集体在中国特色社会主义创新实践中相继形成了马克思主义创新理论成果,分别是邓小平理论、"三个代表"重要思想、科学发展观、习近平新时代中国特色社会主义思想。二是新时代高校理想教育的内容更加深刻地体现了坚持党的领导这一宗旨,紧扣时代脉搏,将"中国梦"作为指引大学生实现理想的明灯。"中国梦"关乎中国未来的发展方向,凝聚了几代中国人的夙愿,"中国梦"归根到底是人民的梦,每个中国人都是"中国梦"的参与者、创造者。大学生作为社会主义事业的建设者和接班人,肩负着实现中华民族伟大复兴的使命,是"中国梦"坚定的维护者和践行者,"中国梦"的教育就是理想信念教育,能够最有力、最广泛地统一当代大学生的思想,引领大学生自觉增强国家认同感,培养家国情怀,激发斗志、勇担责任,脚踏实地、奋发图强,为实现"两个一百年"的奋斗目标贡献自己的力量,在实现中华民族伟大复兴的征程中谱写个人华丽的青春篇章。三是爱国主义教育增添了新意。1994 年中宣部颁布的《爱国主义教育实施纲要》全面论述了爱国主义教育的重大意义、基本原则、主要内容、重点对象以及一系列具体措施,强调要把爱国主义热情引导、凝聚到建设有中国特色社会主义伟大事业中来。同时,爱国主义教育的渠道也不断拓宽,着眼于建立长远的教育机制,强调通过丰富多彩的实践活动取得教育成果。

(二)高校理想教育途径的演变

高校理想教育的途径多种多样,总体说来包括三类。一是理论教育,主要通过加强"两课"主渠道建设,不断推进马克思主义和中国化马克思主义理论进教材、进课堂、进学生头脑。二是实践教育,通过实践教学和实践活动帮助青年大学生了解社会、奉献社会、增长才干、锻炼意志品格,落实实践育人的功能。三是环境教育，包括规范完善高校政治工作制度、加强校园文化建设、发挥学生组织的优势、打造网络教育新阵地等，营造良好的育人环境。无论哪种教育途径，都涉及一定的主体，这些教育主体可划分为两类：一类是学校内部的教育主体，一类是指社会教育媒介。这些不同主体的思想由一致走向分化，影响着理想教育的发展。改革开放前各教育主体基本保持高度的一致性，主要是由于当时人民的生产、生活处于相对封闭的状态，社会组织、社会成员之间为完成国家建设的目标结成比较牢固的共同体。在这个前提下，社会教育媒介与高校的目标任务也是一致的，政府部门、企业等纷纷与高校开展合作，除了科研项目还包括教学生产、社会实践、志愿服务等内容，极大地推进了高校理想教育的进程。同时，在高校内部，无论是学校领导、教职工、学生之间，还是学校职能部门、各教学单位之间，同样保持着高度的一致性，不仅仅是因为教育目标是一致的，更因为学校领导、教师与学生一样需要不断接受马克思主义理论教育、接受社会主义制度教育，师生一起学习一起进步，因此各教育主体之间也能保持高度的一致性。改革开放之后，我们所处的外部环境发生了重大改变，西方加紧进行思想文化渗透，妄图实现“和平演变”，与我们“争夺”青少年，发动了一场没有硝烟的战争。信息技术的飞速发展也给理想教育带来一定冲击和挑战，各教育主体之间越来越难保持一致性。例如，在学校内有极少数教师受到蛊惑或蒙蔽，在课堂上、校园中散布不当言论，破坏党的声誉，诋毁社会主义现代化建设的伟大成就，一堂课就有可能毁掉多年的理想教育成果。在学校外部，社会教育媒介则直接面对社会转型过程中出现的各种矛盾和问题，多种经济成分的共同发展和多种利益群体的出现，反映到意识形态领域，容易出现思想困惑和混乱，转型过程中的多元化发展逐渐偏离高校理想教育的目标。这是当前理想教育面临的重大问题。

三、高校理想教育的基本经验

经过多年的建设，高校理想教育积累了丰富的经验，概括地说，主要包括以下四个方面的内容。

(一)高校理想教育始终围绕党的中心任务展开

高校理想教育属于意识形态范畴,以马克思主义为指导思想,贯彻党的路线、方针、政策,充分体现社会主义教育的内涵与特征;同时,作为一种实践形态,伴随着中国共产党的历史进程,始终紧扣时代的脉搏,围绕党的中心任务展开。新中国成立初期,党的中心任务是巩固新生的人民政权,建立社会主义制度,与之相适应,高校理想教育主要进行的是反帝反封建的教育、马克思主义中国化的教育、巩固政权的教育,帮助大学生树立社会主义革命理想。在全面建设社会主义时期,高校理想教育围绕党的中心任务,教育引导大学生客观面对社会主义建设初期面临的困难,深刻领会社会主义建设总路线的精神,培养共产主义道德品质和革命意志,努力攀登科学高峰,走又红又专的道路。改革开放和社会主义现代化建设时期,党的中心任务是团结、带领全国各族人民,调动一切积极因素,克服一切困难进行社会主义现代化建设。高校理想教育的目标和内容与之相呼应,对大学生进行社会主义建设与发展的教育,将中国特色社会主义共同理想、"中国梦"与共产主义远大理想统一起来。共产主义理想是无产阶级政党以实现共产主义为基本内容的奋斗目标,是共产党人的最高理想。中国特色社会主义共同理想是社会主义核心价值体系的基本内容之一,即坚定对中国共产党的信任,坚定走中国特色社会主义道路,把我国建设成为富强、民主、文明、和谐的社会主义现代化国家,实现中华民族的伟大复兴。中国特色社会主义共同理想是根据中国社会主义初级阶段的国情提出的,是共产主义远大理想在当代中国的阶段性阐释,也是教育引导大学生追求更高目标并树立远大理想的起点。

(二)凸显理想教育在大学生思想政治教育中的核心作用

高校理想教育的现实背景是加强和改进大学生思想政治教育的实际需要,作为思想政治教育的重要内容,理想教育是衡量思想政治教育工作的重要指标,是大学生思想政治教育的核心。

理想信念是一个人精神世界中的核心内容。从心理学角度可以将人的精神世界划分为"知、情、意、信"四个组成部分。其中,"知"是人在实践中认识客观世界的成果，是进行精神活动的前提与基础。“情”指的是情绪和情感，即对事物的感觉和认知，推动人主动地调整思想观念与行为。“意”即意志，是指人根据预定的目的，自觉、有意识、有计划地克服困难实现目标的心理过程。坚强的意志是勇于克服困难和开拓进取的优良品质，是成功的保障。“信”即理想信念，指的是人内心秉持的观点并坚信无疑、身体力行的精神状态，是与人们的向往目标相联系并为之奋斗的信念和追求。在“知、情、意、信”四个组成部分中，理想信念是人的精神世界最重要的组成部分，是人在认识世界、改造世界的过程中理性和感性相互结合、相互作用的复合状态，可以说是认识、情感和意志的综合体；实践与生活是理想信念形成的内在条件和形成的基础；情绪、情感是理想形成并发挥作用的催化剂；意志则是使理想坚定和外化的因素，是理想形成、发展的推动力。

理想教育体现了大学生思想政治教育的性质和目标。“以培养有理想、有道德、有文化、有纪律的社会主义新人为根本目标，以理想信念教育为核心，以爱国主义教育为重点，以基本道德规范为基础，以大学生全面发展为指向，整体推进当代大学生的思想政治教育工作，是十六大以来思想理论教育的显著特点。”[①]在“四有”中，“有理想”是居于第一位的，引导、制约、规范着“有道德”“有文化”和“有纪律”的内涵和方向，理想是道德修养的基础，是培养纪律意识的根源。“有理想”在“四有”中的重要地位决定了理想教育在思想政治教育中的核心作用，理想教育体现着大学生思想政治教育的根本目标，也是考察思想政治教育效果的重要标准。我国正处在社会主义现代化建设的重要时期，能否用中国特色社会主义共同理想、用伟大的“中国梦”来凝聚大学生和全国各族人民的精神和力量，不仅关系到个人的成长与幸福，更关系到思想政治教育的成败，关系到社会主义建设事业的成败。

（三）坚持正面理论灌输的教育方式和理论联系实际的原则

正确的理想信念建立在对社会发展规律科学认识的基础之上，大学

① 石云霞：《新中国思想理论教育 60 年（1949～2009）》，华中科技大学出版社 2009 年版，第 473 页。

生必须努力学习马克思列宁主义、毛泽东思想、中国特色社会主义理论体系尤其是习近平新时代中国特色社会主义思想，学习中国革命、建设的历史和基本国情，通过学习正确认识社会发展规律和国家的前途命运，站稳党和人民的立场，为实现理想提供科学的理论指导和强大的精神支柱。

正面理论灌输的教育方式是高校理想教育的客观需要。理论的学习与实践相对比较枯燥，对于思维活跃、思想尚不成熟的青年大学生来说是一个长期、复杂的过程，也是一项艰巨的任务。同时还要看到，当今社会各种思想文化潮流相互激荡，意识形态领域的斗争将更加复杂且会长期持续下去，高校是敌对势力同我们激烈争夺的重要阵地。

马克思主义理论灌输教育方式包含理论联系实际的原则。理论联系实际是马克思主义最基本的方法论原则之一，《中国人民政治协商会议共同纲领》（以下简称“共同纲领”）第四十六条指出：“中华人民共和国的教育方法为理论与实际一致。”①高校理想教育始终坚持理论联系实际的原则和实事求是的思想路线，“把传授知识与思想教育结合起来，把系统教学与专题教育结合起来，把理论武装与实践育人结合起来”②，在马克思主义的指导下，紧密结合中国实际、时代特征和青年成长成才的愿望，反对主观主义、经验主义、教条主义的教学方法，加深大学生对科学理论的理解，帮助他们认清人类历史的走向，认清社会主义发展的前景，确立坚定正确的政治方向。

课堂讲授是马克思主义理论灌输教育的主要环节，遵循“学马列要精，要管用”③的方针以及理论联系实际的原则，紧密结合社会主义革命、社会主义建设和改革开放的丰富实践，增强理论讲授的思想性、科学性和针对性。课堂讲授注意运用课堂讨论、演讲答辩、课外辅导等方式，及时掌握学生的思想动向，提高课程的说服力和有效性，使大学生领会并初步掌握马克思主义的基本立场、观点和方法。大学生缺乏实践的锻炼，高校

---

① 中共中央文献研究室编：《建国以来重要文献选编》第1册，中央文献出版社1992年版，第11页。

② 教育部社会科学司组编：《普通高校思想政治理论课文献选编（1949～2008）》，中国人民大学出版社2008年版，第204页。

③ 教育部社会科学司组编：《普通高校思想政治理论课文献选编（1949～2008）》，中国人民大学出版社2008年版，第173页。

通过组织大学生参加社会实践活动、志愿服务活动、军事训练、公益劳动以及丰富多彩的校园文化活动等，帮助他们更多地了解国情，丰富实际知识，自觉地培养与劳动人民的思想感情，增强社会责任感，培养进取精神、创造精神和良好心理素质，在实践中锻炼成长。

（四）充分发挥榜样的模范带头作用

时代进步需要健康向上的社会风尚来引领，社会发展需要榜样与楷模的力量来推动。对榜样人物进行表彰是党领导人民创立的行之有效的教育方法之一，毛泽东指出，榜样具有“带头作用”“骨干作用”“桥梁作用”[①]，“是人民的领袖”[②]。教育学中“榜样是以他人的高尚思想、模范行为和卓越成就来影响学生品德的方法”[③]。中华苏维埃共和国时期中国共产党就认识到榜样的示范和激励功能，延安时期表彰榜样人物逐步制度化，新中国成立初期该制度得到正式确立。

表彰榜样人物不仅具有示范作用、精神引领功能，更是社会发展的风向标。新中国成立初期，国家面临的首要任务是提高社会生产力，加快工业化建设，当时的英模、榜样主要有两类：一类是革命战争中牺牲的英烈，如刘胡兰、董存瑞、黄继光等，他们具有大无畏的革命勇气和坚强意志，勇于为革命献身，是人民心中当之无愧的英雄。另一类是各行业的生产能手，以破纪录、高标准、技术创新等为目标，鼓舞人民为社会主义建设事业不怕困难、勇于创新、甘于奉献，如郝建秀、王崇伦、张淑云等。20 世纪 60 年代出现的雷锋则是克己奉公、助人为乐的共产主义精神的楷模，雷锋精神的实质和核心是全心全意为人民服务，始终引领着时代的精神文明与先进文化。改革开放以来，为加强社会主义精神文明建设，从 1983 年开始，全国再次掀起“学雷锋”的高潮，榜样人物有张海迪、朱伯儒、赖宁等。同时，科学技术和知识受到前所未有的重视，一些知名科学家开始成为人民心中的偶像，如陈景润、华罗庚、张广厚等，他们无私的爱国主义情怀和对科学锲而不舍的追求引领新的社会风尚。20 世纪 90 年代之后涌现出的

---

① 《毛泽东选集》第 3 卷，人民出版社 1991 年版，第 1014 页。

② 《毛泽东选集》第 3 卷，人民出版社 1991 年版，第 935 页。

③ 王道俊、王汉澜主编：《教育学》（新编本），人民教育出版社 1989 年版，第 399 页。

榜样人物有党的好干部孔繁森、见义勇为的英雄战士徐洪刚、女售票员李素丽等。进入21世纪后的榜样人物主要是在全国范围内有重大影响的先进典型和来自基层的全国道德模范，前者以袁隆平、杨利伟、任长霞等为代表，后者则在平凡的人生中或见义勇为、或敬业奉献、或诚实守信，不平凡的坚持和毅力让人动容。许许多多榜样的先进事迹和模范精神对于加强大学生理想教育、促进全社会文明程度和道德水平的进一步提高，具有十分重要的意义和作用。

四、高校理想教育面临的问题

当代高校理想教育更加注重提高教育质量，提升教育内涵，贯彻以人为本的思想。当前大学生能够坚守自己的社会责任，将个人命运与国家发展紧密联系在一起，从而确保党和人民的事业世代相传，不断创新，永续发展。同时，还应当看到，当今全球化进程不断加快，人们的交流日益频繁而迅捷，社会环境对个体思想的影响越来越大。国内改革开放向纵深迈进，市场经济不断深化，社会思想和文化日趋多元化，这些外部因素在促进高校理想教育发展的同时也带来一些负面影响。

国际国内环境的因素。一方面，经济社会发展、信息技术等因素复杂多变，带来西方自由化思想的侵蚀和市场经济的消极影响；而信息化、网络化时代各种网络信息蜂拥而至，良莠不齐、真假难辨，给高校理想教育带来新的冲击。另一方面，西方敌对势力一直妄图用西方的意识形态影响中国的青年一代，瓦解其理想信念、政治信仰和道德底线。高校是争夺青年大学生的主战场，高校意识形态领域是各种势力争夺的焦点，斗争呈现出长期性、复杂性和尖锐性的特点。知识经济时代，部分大学生过分看重知识能力对个人发展的决定性作用，把对共产主义理想信念的追求变为对金钱及个人利益的追求，在认同国家和集体利益至上、讲究社会责任感与奉献精神的同时，更注重个人专业的学习和自我发展，更关注个人的健康、名誉、前途、幸福等，在实际生活中无视大公无私、艰苦朴素、淡泊名利等精神，忽视了道德修养在个人发展与成才道路上的积极作用，致使举止行为失范，不时引起公众的质疑与批判。

大学生自身的因素。当代大学生的整体素质是好的，他们正直善良，思维活跃，勇于进取，敢于创新，道德感和文明素养得到提升。然而，“90后”“00后”大学生多是独生子女，而且随着经济的发展，家庭条件相对“80后”来说要优越，他们从小到大受到父母家人和老师的宠爱，在成长过程中被过度保护和照顾，一切都被家长或者老师规划好、安排好，以学习为主要任务，生活自理能力较弱，缺乏人际交往的锻炼和现实环境的磨炼。他们更愿意以自我为中心，崇尚个人自由，自我期望值过高而奉献精神低，现实实践情况差强人意。加之社会腐败现象、贫富差距带来的种种不公平等使大学生心理压力增大，容易造成理想功利且务实，“当代大学生不同程度地存在政治信仰迷茫、理想信念模糊、价值取向扭曲、诚信意识淡薄、社会责任感缺乏、艰苦奋斗精神淡化、团结协作观念较差、心理素质欠佳等问题”①。

教育体制与教育方式的因素。高校理想教育属于意识形态范畴，重视理论教育，教育模式主要以传统灌输和说教为主，相对枯燥且脱离实际，缺乏吸引力和说服力。教育过程中更多地注重教师的主体作用与地位，实践环节不足，忽视“90后”“00后”大学生主体意识，限制了创新能力的发挥，无法满足大学生的内在发展需求。同时，理想教育的效果取决于综合的影响而不是教育内容、知识的多少，测评目标体系难以量化，在实施的过程中容易流于形式，甚至有时雷声大、雨点小，不能深入贯彻落实党和国家方针、政策的精神实质。理想教育内容和教育手段滞后容易导致大学生产生逃避情绪和排斥心理，弱化对理想的认知，无法取得实际有效的教育效果，甚至可能产生疲累情绪和负面效果。

五、高校理想教育的原则

综合来看，高校理想教育的发展带给我们的启示有以下几方面。

① 教育部社会科学司组编：《普通高校思想政治理论课文献选编(1949～2008)》，中国人民大学出版社2008年版，第203页。

1.理想教育必须坚持以马克思主义理论教育为基础

列宁说过："没有革命的理论，就没有革命的运动。"[①]马克思主义是我们立党、立国的根本指导思想，加强马克思主义理论教育，能够帮助人民有效地抵制资本主义思想体系的侵蚀，提高明辨是非的能力，面对多元的思想文化与价值观念时能坚守住信念。只有坚持马克思主义的指导地位，理想教育才会正常运转并取得成效，反之则会遭遇挫折。20 世纪五六十年代是我国理想教育的第一个高潮期，政治理论教育、思想教育是全党全社会的头等大事，从中央到地方思想认识高度统一，思想政治教育力度大。理想教育的主要内容包括爱国主义、集体主义和国际主义教育，培养人民坚定的政治立场和政治方向，树立马克思主义的人生观，发展为人民服务的思想，培养促进文明进步的社会公德。这一时期理想教育富有成效，绝大多数社会成员都能将个人的发展目标与社会发展目标统一起来，社会风尚良好，蓬勃向上，人民群众保持清醒的头脑，思想一致，劲儿往一处使，有效地抵制了旧社会遗留的恶习和资产阶级的腐蚀，顺利地完成了恢复国民经济和社会主义改造的任务，保障了社会秩序的稳定，极大地增强了社会凝聚力。其重要的原因就是注重加强马克思主义理论宣传教育，全社会掀起学习马列主义、毛泽东思想的高潮。首先，一系列马列著作出版普及，1949 年中央俄文编译局成立、1950 年人民出版社成立、1953 年民族出版社成立、1953 年中共中央马恩列斯著作编译局成立等使马列著作、毛泽东著作的出版和发行有了专门的机构，在马克思主义发展史上具有深远的意义。《毛泽东选集》第一、二、三卷正式出版，是党的领导人和人民群众智慧的结晶，是马列主义在中国的运用和发展，把对马列主义、毛泽东思想的研究、学习和宣传推向了高潮并经久不衰。其次，利用书籍、报刊、广播、办夜校等，从普通民众到党员干部系统学习了社会发展史和中共党史。高校则开设政治理论课学习马列主义、毛泽东思想，并加强理论研究与探讨。与此同时，除了政治理论课上要讲马列主义，专业课也运用唯物辩证法讲马列主义。

马克思主义不断与中国的实践相结合，实现了本土化和大众化，带有

① 《列宁全集》第 5 卷，人民出版社 1986 年版，第 341 页。

浓厚的中国色彩，理论成果不断涌现。改革开放之后理想教育工作更是将坚定正确的政治方向放在第一位，“旗帜鲜明地对学生进行系统的马克思列宁主义、毛泽东思想基本原理的教育、革命理想教育、共产主义道德品质教育”①，培养运用马克思主义的立场、观点、方法分析问题和解决问题的能力，逐步树立辩证唯物主义和历史唯物主义的世界观。2004 年 1 月，中共中央颁布《关于进一步繁荣发展哲学社会科学的意见》，强调把马克思主义作为立党立国的根本指导思想，“如果动摇了马克思主义的指导地位，就会动摇中国特色社会主义的理论根基，动摇全党全国人民团结统一的思想基础，会给国家和民族带来巨大的灾难”②。

2.理想教育必须坚持实事求是和以人为本的原则

实事求是和以人为本是理想教育必须坚持的两项重要原则。实事求是指从实际出发探求事物的内部联系及其发展的规律性，从而认识事物的本质。毛泽东在《改造我们的学习》中指出：“‘实事’就是客观存在着的一切事物，‘是’就是客观事物的内部联系，即规律性，‘求’就是去认真研究。”③即把握事物发展的内在规律及其内部、外部联系，并作为工作的向导。实事求是指坚持一切从实际出发来研究和解决问题，坚持理论联系实际来制定正确的路线、方针、政策，坚持在实践中检验和发展真理，“这种态度，有实事求是之意，无哗众取宠之心。这种态度，就是党性的表现，就是理论和实践统一的马克思列宁主义的作风”④。邓小平指出：“我们改革开放的成功，不是靠本本，而是靠实践，靠实事求是。”⑤“以人为本是党坚持全心全意为人民服务的根本宗旨的体现”⑥，中国共产党强调把发展生产力作为社会主义社会的根本任务，归根到底都是为了满足广大人民群众日益增长的物质文化需要，实现人的全面发展。理想教育不是抽

---

① 巢峰主编：《毛泽东思想大辞典》，上海辞书出版社 1993 年版，第 952 页。

② 鲁琳主编：《建设与社会主义市场经济相适应的思想道德体系》，红旗出版社 2013 年版，第 148 页。

③ 《毛泽东选集》第 3 卷，人民出版社 1991 年版，第 354 页。

④ 《毛泽东选集》第 3 卷，人民出版社 1991 年版，第 801 页。

⑤ 《邓小平文选》第 3 卷，人民出版社 1993 年版，第 382 页。

⑥ 曾成贵主编：《正道中国——十六大以来党的理论创新》，湖北人民出版社 2013 年版，第 138 页。

象的，理想教育只有真正做到从群众中来、到群众中去才能发挥作用，让人民群众真正在头脑中以观念的方式形成一个持久、统一、稳定的认知结构与态度体系，并且成为自己人格的一部分，才能不断深化思想认识水平。因此，理想教育必须立足于革命与建设的环境变化，研究和遵循客观规律，探究社会发展的节奏；必须从人民群众的思想实际、生活实际出发，研究人民思想行为变化发展的规律，不断探求新的教育方法与路径，提高教育的针对性和有效性。

伴随着党的十八大、十九大胜利召开，中国特色社会主义建设不断发展，高校理想教育也进入了新阶段。党中央作出加快建设世界一流大学和一流学科的战略决策，强调必须提高我国高等教育的发展水平。国家的发展、社会的进步对高等教育的需求比以往任何时候都迫切，对科学知识和卓越人才的渴求比以往任何时候都强烈。习近平总书记在全国高校思想政治工作会议上发表的重要讲话，深刻回答了“高校培养什么样的人、如何培养人以及为谁培养人”这个根本问题，并明确提出“培养德智体美劳全面发展的社会主义建设者和接班人”[①]。这是新时代对高校思想政治教育特别是理想教育提出的明确目标和方向。高校理想教育工作机制不断完善，教育实效性不断增强，大学生在激扬的青春年华里，努力成长为德智体美劳全面发展的社会主义事业建设者和接班人。

3.主旋律明确，注重教育方式的丰富性和多样性

理想教育模式主要以正面宣传、灌输、渗透为主，辅以先进榜样教育、劳动教育和社会实践等重要方式。教育的一个重要原则是注重运用各种积极的手段调动教育者与受教育者的积极性、主动性和创造性，激发其参与热情，加深理解和体会，从而巩固教育进程和成果。经典马克思主义和中国化的马克思主义理论都蕴含着丰富的激励思想，满足人的正当需要是马克思主义激励思想的出发点，坚持正面教育的思想是马克思主义激励思想的基本原则。正向的教育传播具有系统性、正面性、计划性和权威性，有利于形成正确的舆论攻势和政治影响，充分彰显社会主义意识形态的主体地位和主导作用，保证教育传播的科学与正确，是社会主义意识形

① 习近平：《在北京大学师生座谈会上的讲话》，《人民日报》2018年5月3日。

态传播的优势。倡导主旋律明确的正面教育就是要明确地发出主流的声音，向人民传达正确的思想和价值观念，引导进行自我教育和管理，树立正确的世界观、人生观和价值观。

高校理想教育不仅重视传统的正面教育、理论灌输的教育方式，更注重与国际形势、社会主义现代化建设及大学生思想和生活实际相结合，寓教于乐，将理想教育融入生动活泼的校园文化活动、社会实践活动等，避免了只学理论的抽象和空洞，增强了教育的针对性与实效性。教育中注重发挥榜样人物的示范作用，通过不同的典型和模范来阐释党的方针、政策，推动社会主义精神文明建设，极大地促进了不同时期理想教育的建设与发展。党和国家注重英模与榜样表彰制度的建设与完善，从刘胡兰、董存瑞、黄继光到郝建秀、王崇伦、张淑云，从王进喜、陈永贵、雷锋到孔繁森、张海迪、李素丽，再到新时期来自基层的全国道德模范，他们的先进事迹有力地激发人们追求先进、崇尚先进、学习先进的热情，对于在全社会加强社会主义精神文明建设具有十分重要的意义和作用。

4.重视发挥高校在理想教育中的独特作用

高校理想教育是思想意识形态领域的重要组成部分，始终反映着国家的经济现实和政治状态，围绕党和国家的中心任务展开。一方面，高校往往是社会生活的晴雨表，同时还承担着马克思主义学科建设与发展的独特职能。高校负责编写思想政治理论相关教材，开展意识形态领域的科学研究工作，为马克思主义理论教育的发展提供坚实有力的学科支撑，为加强青年问题研究、有效抵制各种错误观点和腐朽思想的侵蚀提供理论支撑。另一方面，在中国特色社会主义建设与发展中，大学生扮演着十分重要的角色，着力培养和造就具有坚定理想信念、愿为共产主义事业倾注热情与生命的青年一代，是实现中华民族伟大复兴的关键。党和国家领导人非常重视大学生的理想教育，毛泽东强调把希望寄托在青年身上，指出："世界是你们的，也是我们的，但是归根结底是你们的。你们青年人朝气蓬勃，正在兴旺时期，好像早晨八九点钟的太阳。"[①]要求对全体人民特别是广大青年开展深入细致的思想政治教育工作，以造就一大批又红

① 中共中央文献研究室编：《毛泽东年谱》第3卷，中央文献出版社2013年版，第248页。

又专的社会主义新人。邓小平早在1985年就指出:“我们一定要经常教育我们的人民,尤其是我们的青年,要有理想。为什么我们过去能在非常困难的情况下出来,战胜千难万险使革命胜利呢?就是因为我们有理想。”[①]胡锦涛也指出:“一个有远见的民族,总是把关注的目光投向青年;一个有远见的政党,总是把青年看作推动历史发展和社会前进的重要力量。我们的民族就是这样的民族,我们的党就是这样的党。”[②]2004年,中共中央、国务院发布的《关于进一步加强和改进大学生思想政治教育的意见》指明了加强大学生理想教育的切入点及方向,把加强大学生理想教育提到了前所未有的高度。习近平总书记指出,“全国广大青少年,要志存高远,增长知识,锤炼意志,让青春在时代进步中焕发出绚丽的光彩”[③],充分肯定了青少年在实现“中国梦”进程中的重要作用,为青少年的健康成长指明了方向。

党和国家高度重视大学生思想政治教育工作,树立远大理想、坚定信念是形成优良思想政治品质的前提,加强大学生理想教育既是我们的政治使命,也是教育使命。首先,中国共产党在建党初期就将实现共产主义作为最终奋斗目标,是中国革命和建设强大的精神动力和根本保证。党的十八大吹响了向“两个一百年”奋斗目标进军的时代号角,“中国梦”是每个中国人更是每个大学生应当牢固树立的远大理想和坚定信念。大学生只有认清所肩负的时代责任和历史使命,才能鼓舞斗志,投身于建设社会主义、实现中华民族伟大复兴的伟业中。其次,“加强青年大学生理想信念教育是大学生思想政治教育的核心,是改善和加强大学生思想政治教育的切实需要”[④],是推进大学生思想政治教育进程的必然要求。理想信念在大学生的成长发展中有着举足轻重的影响,是为人处事的根本,是前进的精神支柱和动力源泉,大学生只有具备建功立业的决心和志存高远的胸怀,才能奋发成才,报效国家,实现个人理想和社会价值,完成人生

① 《邓小平文选》第3卷,人民出版社1993年版,第110页。

② 中共中央文献研究室编:《十六大以来重要文献选编》(上),中央文献出版社2011年版,第385页。

③ 《习近平谈治国理政》第1卷,外文出版社2018年版,第42页。

④ 陈厚义、张晓阳主编:《追求鼎新:新世纪地方高等财经院校发展研究之二》,贵州人民出版社2005年版,第156页。

目标。再次,国内外敌对势力从来没有放弃对我国进行“和平演变”的意图,利用各种手段在高校进行渗透。例如,资助一些文化、艺术及学术活动,以此传播、灌输反社会主义、反现行社会制度的思想意识;同时,利用大众传媒散布西方文化思潮和价值观念,争夺思想文化阵地,发起和我们争夺青年一代的没有硝烟的战争。只有大力推进理想教育,才能帮助大学生“正确认识社会发展规律,认清国家命运与个人的社会责任,确立并坚定在党领导下走中国特色社会主义道路、实现中华民族伟大复兴的共同理想和信念”①。

六、当代高校改进理想教育的基本路径

理想信念是人类特有的精神现象,是心理活动与精神活动最高层次的表现。理想教育是思想政治教育的核心问题,并随着时代的发展被赋予了新的科学内涵。改进大学生理想教育既要遵循理想这一特殊现象的本质特点与发展规律,又要符合思想政治教育活动的基本要求、指导性原理和行为准则,主要从以下五个方面入手。

(一)优化教育意识,实行教师学生双主体

“教”与“学”是辩证统一的过程,教师与学生作为主体是有意识、有实践能力的人,教师是教的主体,学生是学的主体,两种主体的作用是相对的,也是能够相互转化的。实施双主体的育人模式,是指以发挥教师主体意识与主导作用为前提,着力构建全方位的学习主体,使教师主体和学生主体在相互合作、协调互动中求得共同发展。高校理想教育的根本任务是将正确、科学的政治观念、道德规范转化为受教育者个人的认识、观念、行为与习惯,教师在理想教育中起着教育、管理、协调等基本作用,是教育活动的主动发起者、组织者。同时,大学生也是主角、主人,作用不容忽视,他们对教育活动的认同和接纳,会自觉主动地“内化”为自身的道德观念和科学认知,再“外化”为自身的道德行为与良好习惯。因此,大学生是教育主体,是达成教育目标的核心和关键,如果他们没有积极、主动、自觉

---

① “本书编写组”编:《思想道德修养与法律基础》,高等教育出版社2009年版,第29页。

地参与配合，理想教育难以深入开展，所以从某种意义上说，大学生才是真正的教育活动的主体。

理想教育双主体性的核心在于以人为本，尊重教师与大学生的特点与诉求，充分发挥双方的主观能动性，打造丰富立体的教育目标与内容体系，教育方法和手段注重开放务实，不断拓展教育思想与途径。当代大学生主体性与个性化特征突出，日常学习、生活与工作相对独立，这对理想教育提出了更高的要求。根据大学生的特点与社会发展的需要，理想教育既要发挥教师的主体性作用，更要注重大学生的主体性特征，引入全方位、开放式的教育模式，充分发挥教育者和被教育者的主动性。然而，这并不是把主动权完全交到大学生手中，否则容易出现大学生只关注个人的学业与自身发展、理想教育无人问津的状况。教育者作为教育的主体，不仅要具备相当的理论与专业能力，也要熟悉大学生的特点及培养特征，更要主动承担起教育的重任，充分发挥自身职能。一方面，要明确地发出主流的声音，传达正确的思想和观念；另一方面，要在实际工作中贴合大学生的思想与发展需求，把尊重人、理解人作为重要原则，改变传统教育者居高临下的姿态，做好引导与服务。教师采用引导式、激励式的教学方法，在与大学生交流与合作的互动过程中，开创新的工作思路，不断探索符合传播规律的高校理想教育双主体工作模式。教育者和受教育者均为教育的主体，不是相互竞争和抵触的关系，这既守卫了教育战场的主阵地，又保障了大学生主体性的发挥，为理想教育提供了新的发展方向。

（二）完善教育机制，以激励为主

激励简单来说就是激发鼓励，教育范畴中的激励是指运用各种积极的手段激发教育者与受教育者的动机与热情，充分调动他们的积极性、主动性和创造性，让他们参与到教育活动中来，从而顺利达成教育目标。激励的种类有很多，包括物质激励和精神激励、正激励和负激励、内在激励和外在激励、自励和他励等。马克思认为，“人的本质不是单个人所固有的抽象物，在其现实性上，它是一切社会关系的总和”[①]。邓小平在 1977

① 《马克思恩格斯选集》第 1 卷，人民出版社 2012 年版，第 135 页。

年8月说："有的同志提出，应当有奖惩制度，这个意见也对。但是要补充一点，就是重在鼓励，重点在奖。"①

激励原则是21世纪高校思想政治教育的重要原则，指教育者在科学教育理念的指导下，运用正确的激励方法，对大学生实施积极的激励刺激，调动其思想、情感、行为等各方面产生所期望的反应。高校理想教育需要注意运用内外两种激励方法，内部激励是指引导大学生充分发挥主观能动性，实现自我激励；"外部激励则是坚持正激励为主的基本原则，积极探索多样化的激励方法"②，引导他们将正确的思想转化为积极的行动，实现"内化"到"外化"的转变，为个人成才和自我实现奠定基础。坚持激励原则一方面要避免随意性和盲目性，结合大学生的实际情况设立分项目标，为达到教育总目标形成合力。另一方面要建立切实可行的激励制度，配合各项管理工作形成合理的激励机制，如积极推行目标管理和责任制，严格执行考核、评比、监督、奖惩等制度，通过肯定与批评、鼓励与批驳等正负两种相辅相成的激励手段来实现规范和约束。

随着我国高等教育不断发展，高校激励的方式有很多种，包括物质方面的激励和精神方面的激励，如各种奖学金、荣誉称号、国内外交流学习的机会、榜样激励、关怀激励等，对青年大学生形成积极的自我暗示，有利于调动学习、工作和自我修养的积极性。激励的覆盖面也在不断扩大，激励的机会增加，使每一个大学生都能享受到激励所带来的好处，消除心理不平衡。

（三）改进方法，实行渗透原则

《中共中央关于进一步加强和改进大学生思想政治教育的若干意见》指出："要把思想政治教育融入到大学生专业学习的各个环节，渗透到教学、科研和社会服务各个方面。"③新形势下贯彻渗透原则是加强和改进思想政治教育的必要措施，理想教育只有切实从实际出发，渗透到工作的各个方面，才能准确把握大学生的思想脉搏，及时化解矛盾，教育才会取

---

① 《邓小平文选》第2卷，人民出版社1994年版，第51页。

② 胡建波主编：《管理学》，西南财经大学出版社2007年版，第195页。

③ 中共中央文献研究室编：《十六大以来重要文献选编》(中)，中央文献出版社2006年版，第182页。

得实效并富有生命力。理想教育的渗透原则指的是采用多主体参与、多样化、间接的教育方式,实现循序渐进、隐性、看似无意识性的教育,使大学生受到良好的熏陶与感染,彰显理想教育的内化功能。

当代高校必须坚持“以人为本”,充分发挥思想政治教育的优势,将理想教育融入思想政治教育工作中,融入人才培养体系,融入学校教育与管理工作、教师职责、校内外活动,促使师生正当利益的内在需求转化为积极的动机与行为,为国家的建设作出贡献。首先,要增强高校教育主体的渗透意识,必须认识到全体教职工的职责不仅是教书,更是育人。在专业教学中开展理想教育是最有效、最经常的途径。全体教师在教学工作中要将教书与育人有机结合起来,管理工作人员则要将理想教育建立在人性化的基础之上,通过关注、指导和服务学生的学习和生活,在具体的生活情景和深刻的情感体验中教育引导大学生把自己的发展成才与国家的前途命运联系起来,充分调动他们参与主流意识形态建设的积极性。其次,硬性的教化和灌输需要柔性的教育技巧和艺术,要注意细节的渗透。理想教育不仅是一种理性的知识性教育,而且也涉及人的情感和意志,具备情、意等非认知性因素,应当采用“以理服人”和“以情感人”相结合的方法,悄然无声地“潜”入大学生的内心。一方面要通过必要的知识性教育,讲清社会主义、共产主义理想信念的科学内涵,又要通过具体情况、具体问题的分析,将方法论渗入大学生的思想,使他们在学习、生活、工作中不知不觉地受到教育和启发,将社会主义理想深深根植于心中。另一方面,高校理想教育要贯彻“以人为本”的方针、以学生为本的育人理念,贴近学生的思想、生活与实际,注重尊重人、关心人、爱护人。心理疏导、人文关怀在理想教育中的作用日益明显,注意将心理健康教育纳入教育体系,用爱心去沟通、呼唤、启迪心灵进而转变大学生的思想,培育大学生坚毅的品格。对消极思想与不利倾向及时予以纠正,不是高压灌输、高高在上,而是发挥教育引领功能,春风化雨、润物细无声地渗透,不断增强亲和力和说服力,使科学理论和意识形态真正内化为共识与自觉,达到知、行、意的统一。

(四)内化于心,发展教育觉悟

理想信念是人精神世界的核心,大成靠志,小成靠德,德就是理想信念价值观的总和，好的德性就是好的理想信念，一个人的路归根到底是由价值观决定的，有什么样的价值观就有什么样的人生道路。德与才密不可分，德始终是第一位的，主要原因在于德的核心是政治立场、政治态度、理想情操、道德品质等，德是才的统帅，决定着才的作用与方向，同时才又是德的支撑，影响着德的功效与范围。古往今来，凡是大有作为的人，往往都是德行高尚的人。理想信念对于大学生的成长成才具有决定性的作用，大学生必须将远大理想、崇高信念内化于心，真正做到认同与接受，才能不断深化思想认识水平、调整前进的步伐、加强自身的改造与完善，在实践发展中解决新问题、适应新环境，实现成长成才的目标。

远大的理想、崇高的信念是大学生健康成长、成就事业、开创未来的精神支柱和前进动力，它引导大学生做什么人，指引大学生走什么路，不仅鼓舞着大学生掌握、应用科学，在科学的道路上勇攀高峰，而且引导大学生正确认识社会发展规律，客观认识国家的前途命运，树立正确的世界观、人生观和价值观，不断在实践中完善提高自身。"做什么人"是大学期间必然要面对的重大人生问题，有什么样的理想信念，就有什么样的人生。在"四有"新人的目标中，"有理想"是首要的，有了理想才会有追求，有了追求才会有目标，才会有美好的人生。"走什么路"与"做什么人"是联系在一起的，有了选定的目标，必然要向着目标方向努力前进。如果没有明确的奋斗目标和坚定的信念，大学生将无法面对人生道路上出现的各种挫折与困难。坚定、崇高的理想信念会激发大学生的爱国热情和民族自豪感，"坚定对中国共产党领导的信任、坚定走中国特色社会主义道路的信念、坚定中华民族伟大复兴的理想和信念"[①]。"为什么学"与"做什么人""走什么路"密切相关，大学生必须发扬奋勇拼搏、艰苦奋斗和诚实守信的精神，主动把个人的前途命运与国家的前途命运联系起来，把个人梦想与时代发展需求结合起来，落实到为祖国、为人民奋发学习之中，用学识和能力为祖国发展、社会进步贡献自己的力量，才能在追求理想的征程中不断增强为伟大民族复兴奉献、奋斗的坚定信念，从而创造精彩的人生。正如习近平总书记对广大青少年的寄语："要志存高远，增长知识，

① 杨河、白雪秋主编：《六个"为什么"理论思考与教学探讨》，北京大学出版社2013年版，第382页。

锤炼意志,让青春在时代进步中焕发出绚丽的光彩。”①

(五)外化于行,发挥实践功效

人民教育家陶行知提出“行是知之始,知是行之成”的教育理念,即实践是获取认知的必要途径,只有实践才能出真知。“坚持教育与生产劳动和社会实践相结合,是党的教育方针的重要内容。坚持理论学习、创新思维与社会实践相统一,坚持向实践学习、向人民群众学习,是大学生成长成才的必由之路。”②思想政治教育中的“实践教育是指在组织、引导大学生积极参与各种社会实践活动中,提高思想水平和认识能力的过程。实践教育包括两层含义:一是理论联系实际,知行统一,身体力行,加深对理论知识的理解;二是坚持到实际生活中,在改造客观世界的同时改造主观世界,提高思想认识”③。生涩的理论知识只有通过实践教育并在日常的学习生活中灵活运用才能真正进入大学生的思想、意识、情感、意志和实际行为中,转化为活的灵魂才具有活力。实践原则是思想政治教育的生命,也是高校理想教育生命力的源泉。高校理想教育一方面要注重实践教育与理论知识紧密结合,注重知行统一、因材施教,统筹规划,加大实践育人相关经费投入,合理增加实践课时,加强实践基地建设,努力构建长效机制,为深化教育教学改革、提高人才培养质量创造条件。另一方面,高校要“配合课堂教育有目的、有计划、有步骤地通过实践锻炼和社会教育模式健全大学生的成长机制,来促进大学生全面发展”④。大学生通过实践教育感受“社会角色”,加深对社会的认知,丰富情感体验并潜移默化地影响周围的人,从而带动整体思想认识与水平的提高,真正实现锻炼毅力、增长才干、培养品格的目标。

---

① 《习近平谈治国理政》第1卷,外文出版社2018年版,第42页。

② 滕利荣、孟庆繁编著:《开拓创新协调发展:构建高校与社会协同实践育人新模式》,吉林大学出版社2013年版,第72页。

③ 祖嘉合:《思想政治教育方法教程》,北京大学出版社2004年版,第131～132页。

④ 梁绿琦主编:《“80后”青年志愿服务与公民意识》,社会科学文献出版社2013年版,第263页。

第一章　新中国成立初期高校理想教育

新中国成立初期指的是 1949 年新中国成立到 1956 年基本完成社会主义改造，该时期高校理想教育的主要内容是教育学生热爱社会主义祖国、树立为人民服务的思想，一切都服从于国家建设的需要，教育活动融入全国的政治教育、学习运动中。

一、新中国成立初期高校理想教育的主要内容

在社会主义工业化和社会主义改造过程中，相应地发展和提高学校教育，有计划、有步骤地对教师与青年学生进行政治思想教育是国民教育的一部分。只有提高高等教育质量，尤其是加强大学生理想教育，才能完成把学生培养成为“懂得马克思列宁主义理论基础，掌握现代最新的科学技术知识，身体健康，并全心全意为社会主义建设事业服务的各种高级专门建设人才”[①]的历史任务。1950 年 10 月 4 日，教育部发布的《关于全国高校暑期政治课教学讨论会情况及下学期政治课应注意事项的通报》提出在全国推行政治思想教育的“三个重点”及“三项规定”。“三个重点”即进行反帝教育、土改教育、“五爱”教育（爱祖国、爱人民、爱劳动、爱科学、

① 教育部社会科学司组编：《普通高校思想政治理论课文献选编（1949～2008）》，中国人民大学出版社 2008 年版，第 20 页。

爱护公共财物五项国民公德的教育);“三项规定”即对政治课学习成绩的评定不应该采取思想总结、思想检查、整风、坦白反省以及斗争大会的方式,而应以理论学习为主要标准。这一时期理想教育的主要内容为“给青年知识分子和旧知识分子以革命的政治教育”[①],“提倡爱祖国、爱人民、爱劳动、爱科学、爱护公共财物为中华人民共和国全体国民的公德”[②]。

(一)培养大学生具有坚定的政治立场和政治方向,树立马克思主义人生观

高校培养大学生树立马克思列宁主义世界观和革命的人生观,培养无产阶级的立场和观点,加强共产主义道德品质修养,自觉抵制资产阶级思想侵蚀,成长为对劳动人民和中国共产党无限忠诚和热爱的战士,是新中国在成立初期刻不容缓的任务。国家培养的可靠建设者和接班人不仅要具备深厚的专业文化知识,更重要的是要有坚定的政治立场,具有共产主义信仰,对社会主义事业忠贞不渝。1949 年 12 月 30 日,教育部副部长钱俊瑞在第一次全国教育工作会议上的总结报告中明确提出,新中国成立后要以老解放区教育经验为基础,借助苏联经验,创办人民大学,培养建设人才,推行新民主主义教育。在新区学校安顿好后,主要工作是“有计划、有步骤地在老师和青年学生中进行政治与思想教育,其主要目的是逐步地建立革命的人生观”[③]。对于研究生教育,1950 年 6 月发布的《政务院文化教育委员会关于中国科学院基本任务的指示》特别规定:“加强研究人员的政治学习,俾能把握马列主义的观点和方法。”[④]因此,新中国成立初期大学生的理想教育首先是进行共产主义教育,大学生只有不断提高政治觉悟和思想认识,拥护中国共产党的领导,坚持社会主义道

---

① 中共中央文献研究室编:《建国以来重要文献选编》第 1 册,中央文献出版社 1992 年版,第 11 页。

② 中共中央文献研究室编:《建国以来重要文献选编》第 1 册,中央文献出版社 1992 年版,第 11 页。

③ 教育部社会科学司组编:《普通高校思想政治理论课文献选编(1949~2008)》,中国人民大学出版社 2008 年版,第 4 页。

④ 中共中央文献研究室编:《建国以来重要文献选编》第 1 册,中央文献出版社 1992 年版,第 285 页。

路，树立积极向上的革命人生观，才能保持清醒的头脑，在重大原则问题上是非分明，在重大风浪面前经得起考验，为自觉积极地参加祖国建设做好思想准备。

（二）进行国际主义、爱国主义和集体主义教育

第二次世界大战以后，世界格局发生了重大变化，资本主义力量削弱，社会主义力量有了显著增长，亚、非、拉争取民族解放和国家独立的运动蓬勃兴起，美苏之间的矛盾、帝国主义与和平民主两大阵营、资本主义和社会主义两种制度的对抗交织在一起。新中国诞生于这样一个错综复杂的国际环境中，外交策略上坚定地站在国际和平民主阵营一边，以“求同存异”为方针，创造性地提出和平共处五项原则，发展同新兴民族独立国家、人民民主国家的关系，为反对帝国主义、殖民主义加强合作，为有计划的经济建设创造有利的国际条件。因此，这一时期的国际主义、爱国主义和集体主义教育有着特别的意义。

热爱祖国、拥护社会主义制度不是空泛的，而是要落实到具体的社会现实、个人生活当中。新中国成立初期的爱国主义首先要热爱祖国壮丽的河山、悠久的历史、灿烂的文化，继承中华民族的优良传统，关心祖国的前途和命运，并愿意为之献身，把爱国之心、报国之志转化为爱国行动。其次对祖国要有高度的责任感，树立祖国与人民的利益高于一切的思想，维护国家主权和独立，维护民族的团结和国家的统一，同一切分裂民族、分裂国家的势力与破坏活动作坚决的斗争。在进行爱国主义教育的同时坚持爱国主义、国际主义相统一的原则，使大学生懂得一个社会主义的爱国主义者同时也是国际主义者，各国无产阶级和人民反对剥削和压迫、反对帝国主义、霸权主义、殖民主义的斗争是相互联系的，支持和援助全世界无产阶级和被压迫人民的革命斗争是同一个阵营里的事业。

从国内的情况看，旧社会满目疮痍，重新建设一个富强民主的新社会需要全体人民的共同团结与努力，集体劳动是社会主义生产的基础，是人民生活的基础，高校在理想教育中“提倡以集体利益和个人利益相结合的

原则为一切言论行动的标准的社会主义精神”①，以国家、集体利益为重，珍视集体的力量，激发大学生为社会主义建设事业奋斗的决心与活力，让他们认识到只有依靠集体的力量才能摆脱剥削和压迫，社会主义事业才能成功。

(三)发展为人民服务的思想，培养文明进步的社会公德

旧社会留下的烂摊子不仅是完全破败的国民经济，还包括封建思想的糟粕、资产阶级腐朽思想等剥削阶级污毒，存在于社会生活各个方面，阻挠社会主义经济发展，也影响着大学生的健康成长。党中央通过马克思列宁主义、毛泽东思想的宣传教育、文化教育事业的改革等措施肃清了腐朽思想，整治了社会风气，教育全社会成员热爱劳动、增加生产、厉行节约，安定了社会秩序，增强了社会凝聚力，为开展大规模经济建设提供了保障。在高校则教育大学生遵纪守法，尊敬师长，团结友爱，自觉提高自身修养，培养共产主义道德观，培养独立创造、勇敢顽强的精神及谦逊、诚实、节俭、朴素的品格，与贪图享受、铺张浪费、好逸恶劳等恶习作斗争；树立科学意识，培养用科学指导行动的良好习惯；尊重劳动，热爱劳动；爱科学，守纪律，勤俭节约，爱护公共财物，团结友爱，遵守社会公共秩序；时时处处以人民利益为重，以为人民大众谋福祉为目标，只有为国家、为人民奉献自己的聪明才智，把有限的生命投入到无限的为人民服务之中去，这样的人生才有价值、有意义。

身体是学习和工作的物质基础，毛泽东在中国社会主义青年团第二次全国代表大会上提出青年要“三好”：身体好，学习好，纪律好。中共中央宣传部 1953 年 12 月印发的《为动员一切力量把我国建设成为一个伟大的社会主义国家而斗争》指出：“全国的青年必须努力锻炼身体，学习科学知识，提高政治觉悟，准备更好地为国家的社会主义工业化服务。”②高校积极开展体育教学，并通过各种体育活动培养大学生养成锻炼身体的好习惯。

---

① 中共中央办公厅：《中国农村的社会主义高潮》，人民出版社 1956 年版，第 35 页。

② 中共中央文献研究室编：《建国以来重要文献选编》第 4 册，中央文献出版社 1992 年版，第 732～733 页。

二、新中国成立初期高校理想教育的途径

(一)开设、改革政治理论课程,强化马克思列宁主义、毛泽东思想理论教育,夯实理想信念的基础

《共同纲领》明确规定:“给青年知识分子和旧知识分子以革命的政治教育,以应革命工作和国家建设工作的广泛需要。”①认真刻苦学习马克思列宁主义、毛泽东思想,用科学理论武装头脑,掌握并运用马克思主义基本立场、观点和方法认识问题、解决问题,是大学生树立科学世界观的首要任务。通过教育和学习,增强大学生的政治素养,提高政治鉴别能力、个人思想境界,并将理论应用于指导实践,在实际运用中学习和掌握马克思主义,不断提升个人能力。理论学习作为改造思想的武器,必须密切结合大学生的思想实际,而开设政治理论课程是进行理论教育与学习最直接最有效的手段。解放战争时期,党中央就认识到政治理论课程是加强全党全军政治思想教育的重要抓手,解放战争后期在解放区内建立了以培养党的干部为目标的新型大学,在这些大学里,都开设了政治理论课程。教会学校则倡导“利用各种机会和经过有爱国心的教徒,向教徒群众进行爱国主义的宣传,揭露帝国主义文化侵略与间谍活动的阴谋”②。1950 年 7 月 28 日,中华人民共和国政务院第 43 次政务会议通过的《教育部关于实施高等学校课程改革的决定》指出:“全国高校应根据共同纲领的四十一条和四十七条的规定,废除政治上的反动课程,开设新民主主义的革命的政治课程,借以肃清封建的、买办的、法西斯主义的思想,发展为人民服务的思想。”③

---

① 中共中央文献研究室编:《建国以来重要文献选编》第 1 册,中央文献出版社 1992 年版,第 11 页。

② 何东昌主编:《中华人民共和国重要教育文献(1949～1975)》,海南出版社 1998 年版,第 53 页。

③ 何东昌主编:《中华人民共和国重要教育文献(1949～1975)》,海南出版社 1998 年版,第 48 页。

1.高校政治理论课教学内容、教学原则与方法的建设与改革

理论教育是提高大学生社会主义政治觉悟、培养正确的世界观和人生观、培养共产主义道德和行为的基础，而政治理论课程则是高校进行经常的、系统的政治思想教育最基本的形式。政治理论课教学的建设目标是要教育大学生掌握马克思列宁主义基本原理，教育大学生善于运用马克思列宁主义的立场、观点、方法去分析和观察具体事物和现象，并正确运用于实际生产、生活，阐明实际问题和解决实际问题，达到提高认识、改造思想、树立正确的世界观和人生观的目的。

在授课科目方面，新中国成立初期，人民政府教育部要求专科以上学校都要开设“辩证唯物论”与“历史唯物论”为公共必修课，讲授马克思列宁主义、毛泽东思想的系统理论知识。1949 年 10 月，华北人民政府高等教育委员会明确规定本年度的授课内容为“辩证唯物论与历史唯物论”（包括社会发展史）、“新民主主义论”（包括近代中国革命运动史）和“政治经济学”。[①] 1952 年起，课程规划为“新民主主义论”“政治经济学”及“辩证唯物论与历史唯物论”，后又修订为“马列主义基础”“中国革命史”“政治经济学”“辩证唯物论与历史唯物论”四门课程。前两门课程各学校可以根据师资条件适当调整，讲授与课堂讨论的学时之比为 4∶1 或 5∶1，并将考试、考查相结合。从 1953 年起，在有条件的高校大学本科二年级开设“马列主义基础”课，同时在大学一年级开设的“新民主主义论”一律改为“中国革命史”。[②] 工、农、医科的二年制专修科从 1954/1955 学年度起，停设“马列主义基础”课，改设“社会主义经济建设”课。[③] 经过系列课程改革的探索，到 1955 年，全国大多数高校按照教育部的指示，逐步开设了“马列主义基础”“中国革命史”“政治经济学”三门课程，部分院校增设

① 参见教育部社会科学司组编：《普通高校思想政治理论课文献选编（1949～2008）》，中国人民大学出版社 2008 年版，第 2 页。

② 参见教育部社会科学司组编：《普通高校思想政治理论课文献选编（1949～2008）》，中国人民大学出版社 2008 年版，第 16 页。

③ 参见教育部社会科学司组编：《普通高校思想政治理论课文献选编（1949～2008）》，中国人民大学出版社 2008 年版，第 18 页。

了“辩证唯物论和历史唯物论”，有专修科的学校还开设了“社会主义经济建设”。[①]

在授课教材方面，初期政治理论课程没有固定的教材，是以马克思列宁主义经典著作、党的文件等为参考书目，制定政治理论课程的教学提纲，内容包括马列主义基础、中国革命史、政治经济学、辩证唯物主义与历史唯物主义等。从1950年起，教育部多次举办教学讨论会，邀请教育部负责人与各大学政治课主要负责教师一起制订讲授提纲，并陆续重新编写教科书。起初，有些高校直接翻译苏联国家高等教育管理机关正式批准颁发的教学大纲，学习苏联先进经验。这就存在一些问题，比如出版单位混乱、出版物规格不统一、质量不高等，甚至某些私营书店和出版社随意出版，很不严肃。1955年2月，国家明确规定所有政治理论课教学大纲、课堂讨论提纲等必须经高等教育部审查批准后，统一由高等教育出版社出版；翻译自苏联的大纲也统一由高等教育出版社或其他国家出版社出版，私营书店和出版社一律不得出版。有些教材则直接来源于中宣部，经过不断探索与实践，“马列主义基础”课以《苏共党史简明教程》为教本(1956年后改为“社会主义原理”的专题讲授)；“中国革命史”课的教材是何干之主编的《中国现代革命史讲义》；“政治经济学”课程的教材是苏联编的《政治经济学教科书》；“辩证唯物主义与历史唯物主义”课以1953年中国人民大学苏联专家克列的讲稿为主要内容，由教师自由编写讲义。[②]

在教学组织方面，为提高教学质量，必须建立健全教学组织。教育部要求各高校根据具体情况成立政治课教学委员会，作为政治课教学的领导机构，由全体政治课教师及学生代表组成，实施、安排并监督政治课教学。而各行政大区则设立总教学委员会，由各校主要负责政治课的教师组成，下设教学座谈会，定期召开会议，讨论、制订、实施教学计划。切实加强马克思列宁主义理论教育的组织领导和教学领导，各学校校长和副校长中必须有一人亲自领导马克思列宁主义教研组的工作，“负责审查马

① 参见教育部社会科学司组编:《普通高校思想政治理论课文献选编(1949～2008)》，中国人民大学出版社2008年版，第19页。

② 参见教育部社会科学司组编:《普通高校思想政治理论课文献选编(1949～2008)》，中国人民大学出版社2008年版，第33页。

克思列宁主义的教学工作计划、科学研究工作计划和在职教师培养进修计划"①，定期听取汇报，给予具体的指示和帮助，不断提高教学质量。

在授课原则与方法方面，《共同纲领》第四十六条指出："中华人民共和国的教育方法为理论与实际一致。"②政治理论课的教学方法坚持理论与实际相联系，特别是注意引导、帮助学生联系生产建设与阶级斗争的实际，联系社会主义建设中的重大实际问题，加深大学生对政治理论课的理解，反对主观主义、经验主义、教条主义和灌输式的教学方法，以系统、实事求是地正确解决问题为出发点，重视学生自学，开展批评与自我批评，提高学生的思想政治水平。结合各地的经验，为有效进行政治思想教育，第一次全国教育工作会议中提出理论学习必须密切结合大学生的思想实际，根据每个人的具体情况进行教育，启发学生自由思考，充分发挥青年学生思想中正确、合理部分的作用，合理开展批评与自我批评，通过个人的主观性努力克服不正确的思想。

在时事政策教育方面，在进行系统、规范的政治理论课教学之外，各高校还注意加强时事教育，认真组织教师与大学生学习党和国家重要政策。1951 年 4 月 18 日，教育部颁布的《关于规定华北区各高校成立时事学习委员会的通令》指出，为加强爱国主义的思想教育，要求各高校汇集教师与学生中的优秀分子成立"时事学习委员会"，作为政治课教学的补充，定期开展活动与汇报，推动全校大学生的时事学习。经常的时事教育制度在高校一直得到坚持并加强，结合当时社会政治运动、国内外重大事件、党和国家重大方针政策以及重要纪念日和节日定期举行专题演讲或报告、典型人物与事迹宣传、展览会、海报挂图等，开展直观的宣传教育活动。

政治理论课的评分要求政治理论课教师结合大学生平时的思想、行为、道德品质和学习态度的实际表现来打分，避免单纯依据大学生机械背诵理论原理、不注意理论原理理解与应用的不当现象，将政治理论教育与

---

① 何东昌主编:《中华人民共和国重要教育文献(1949～1975)》，海南出版社 1998 年版，第 457 页。

② 中共中央文献研究室编:《建国以来重要文献选编》第 1 册，中央文献出版社 1992 年版，第 11 页。

改造大学生思想结合起来。由于师资力量不足，四门政治理论课的教学质量不高。

2.团结改造知识分子，加强马克思列宁主义理论师资的培养

要达到又多、又快、又好、又省地发展社会主义建设事业，必须提高生产技术，需要充分发展科学和利用科学知识，因此既要依靠工人阶级和农民阶级的积极劳动，更要依靠知识分子的积极劳动。新中国成立初期，我国知识分子人数并不多，而且思想比较复杂。工人、农民以及其他劳动阶层出身的知识分子还是极少数，大多数知识分子接受过旧制度的教育，受到帝国主义和反动阶级的种种影响，相当一部分还带有地主阶级、小资产阶级的意识，旧社会遗留的脱离实际的习气、保守性、宗派性和无政府状态还没有完全克服。此时我国知识分子的力量，无论在数量上、能力上、政治觉悟上，都还不能适应国家建设的需要。早在新中国成立之初，毛泽东就提出“争取团结和改造知识分子是新区教育工作的关键”[①]，团结、教育、改造知识分子，推动旧有文化教育事业的改革是一项艰巨而长期的工程，毛泽东在中国共产党七届三中全会上的讲话中指出：“有步骤地谨慎地进行旧有学校教育事业和旧有社会文化事业的改革工作，争取一切爱国的知识分子为人民服务。在这个问题上，拖延时间不愿改革的思想是不对的，过于性急，企图用粗暴方法进行改革的思想也是不对的。”[②]要坚持党的统一战线政策，“对于旧文化工作者，旧教育工作者及旧医生们的态度，是采取适当方法，教育他们，使他们获得新观点、新方法，为中国人民服务”[③]。

对于一般知识分子，党中央采取保护争取的措施，帮助他们经过一定的锻炼和考验，培养无产阶级意识，让他们积极地参与到社会主义建设事业中。教学相长的道理古人已通晓，马克思则说：“教育者本身必须受教育。”提高师资质量和培养新的师资是改造和加强高等教育的关键。《中国教育工会章程》明确规定其主旨之一是要提高教育工作者的阶级觉悟，

① 中共中央文献研究室编：《建国以来重要文献选编》第1册，中央文献出版社1992年版，第90页。

② 《毛泽东文集》第6卷，人民出版社1999年版，第71页。

③ 《毛泽东选集》第3卷，人民出版社1991年版，第1083页。

引导教师加强政治、文化与业务的学习与培养，继续深入思想改造，批判资产阶级思想，提高社会主义觉悟。这一时期教师系统的理论学习与思想改造运动主要是1951年10月发动的对知识分子的思想改造，持续到1953年，科学家和文化教育工作者更加集中地进行了马克思列宁主义的学习，开展有系统的思想批判运动，目的就是系统学习、宣传马克思列宁主义基本理论，批判资产阶级唯心主义思想，清除封建的、买办的、法西斯的思想，改造旧思想，提高全体教师的社会主义觉悟和革命警惕性。

新中国成立初期，由于普遍缺少优秀的政治理论师资，政治理论课的教学水平一般都不高。党和政府从新中国成立起就把培养合格的政治课教师作为大事来抓，并提出了较高的要求。教育部要求政治理论课尽可能由专人担任，加强专业化思想。作为大学生的灵魂工程师，必须首先认真学习马克思列宁主义与毛泽东思想，用科学的理论武装头脑，以保证给予青年后代正确的指导和培养，保证为国家培养合格、可靠的建设者和接班人。针对过去普遍缺少足够称职的政治理论师资的问题，从1950年开始，教育部采取切实措施培养马克思主义理论课教师。1952年9月，《中共中央关于培养高等、中等学校马克思列宁主义理论师资的指示》指出，提高马克思列宁主义的政治理论课程的教学水平是学校思想建设工作的中心环节。在这一精神的指导下，采取了以下具体措施：一是由中央教育部负责筹划自1952年秋季起在中国人民大学创设马克思列宁主义研究班，其他具备适当条件的高校，也要陆续创设马克思列宁主义研究班，为各高校系统培养政治理论师资。二是从各高校的助教中选拔优秀党员、团员担任政治理论课程的助教或助理，指导他们加强理论学习并结合实际工作，加强后续师资的培养与储备。三是要求各大行政区根据当地高校的情况开设马列主义理论研究班培养师资，由地方教育主管部门负责监督实施并及时汇报。对政治理论课教师进行培训的形式有不脱产的在职学习、教学讲习班、讨论会、备课会、短训班、夜大等。

为提高师资质量，教育部要求既要不断对授课教师进行思想改造的学习，也要通过加强各高校的行政领导和政治教育来推进，为扩大思想改造的成果必须与实际工作相结合，同时积极培养新的师资力量。为加强政治理论课的师资建设，教育部适当增加了综合大学文、史、哲系科的招生名额，同时扩大中国人民大学马列主义研究班办学规模以增加培养对象的来源。此外，还通过举办假期补习班、短期进修班、教学经验座谈会、与苏联专家交流等形式组织广大教师开展系统的学习，逐步提高思想水平和业务水平。教育部要求在提高授课教师理论水平的基础上，明确树立全体教师对大学生“全面负责”的思想，把“教学”和“教养”结合起来，教育大学生如何学习与工作，如何为国家作贡献。这项工作是长期性的，在当时的情况下对教师“全面负责”的要求不能过高、过急，采取的是逐步推进的方式。

（二）高校政治工作制度的建设

全国高校经过宣传教育和改革，整顿了教师队伍，为建立政治工作制度创立了条件。建立政治工作制度的目的是加强政治领导，改进政治思想教育，为高校教育事业打下坚实的政治基础。1952 年 5 月，《中共中央关于在高校中批判资产阶级思想和清理“中层”的指示》指出，各高校有效地批判了资产阶级思想，肃清了学校中的贪污浪费现象，接下来可以选择重点学校集中力量进一步加强宣传教育，因此需要“加强学校中执行这个工作的机构(一般称学习委员会办公室)，充实它的干部，准备在清理工作完毕以后，选择少数几所条件较好的学校，首先将这种办公室转变为属于学校行政系统之内的经常性的政治工作机构，这种机构的名称，可以为‘政治辅导员办公室’，后来改为‘政治辅导处’”①，其任务就是掌握教师学生的政治情况，领导全校的思想学习与社会活动等，从重点试验到逐步推广，希望通过这种制度培养一批优秀的学校行政干部。政治辅导处设主任、副主任、辅导员等若干人，选拔政策水平高、政治品质优良者充任。

1952 年 8 月 30 日，中央人民政府教育部党组在《关于在高校试行政治工作制度的报告》中提出，经过“三反”运动和思想改造，“进一步肃清了封建、买办、法西斯思想，批判了资产阶级思想，整顿了教师的队伍”②，群

① 中共中央文献研究室编：《建国以来重要文献选编》第 3 册，中央文献出版社 1992 年版，第 177 页。

② 石云霞：《新中国思想理论教育 60 年(1949～2009)》，华中科技大学出版社 2009 年版，第 72～73 页。

众的政治觉悟都有了极大的提高。在这样的情况下，“亟须进一步在高校中建立政治工作制度”[①]，“开展马克思列宁主义的思想建设，为全国高等教育建设事业打下坚强的政治基础”[②]，为此各高校在校内设立政治工作机构——政治辅导处。政治辅导处配备主任一名、政治辅导员若干名，前者选拔政治理论水平高、政治素养过硬的党员干部担任，后者选拔老师与学生中的优秀党员、团员担任。政治辅导处负责管理全校师生的政治材料，掌握全校师生的政治思想情况与政治考核，指导全校开展社会活动。

学生会和青年团是大学生群体最基本的两个组织形式，加强高校学生会和青年团的工作是做好学校学生工作的必要条件。学生会在学习、生活福利、体育和文化娱乐方面发挥着重要的教育作用；青年团组织则通过学校中的各种实际活动和理论学习，向团员及一般同学进行思想政治教育。学生会和青年团成为高校政治工作制度中的重要一环，通过这两个组织的建设加深与广大学生的联系，解决好现实问题，提高了大学生的思想觉悟。

三、新中国成立初期高校理想教育的特点

“中国的旧教育是帝国主义、封建主义、官僚资本主义统治下的产物，是旧政治、旧经济的一种反映。”[③]旧中国长期停滞在封建社会阶段，严重阻碍了我国近代科学与教育的发展。我们的新教育开始于20世纪30年代的老解放区，新教育虽然积累了一些经验，但国家高等教育的建设还未起步，学校的数量很不够，质量水平也很低，科学基础是薄弱的，科学研究人员人数少且水平不够高，各专业发展也不平衡，教育整体情况比较复杂，不能适应国家建设的需要，而在一穷二白的基础上建设社会主义事业，需要大批建设人才，需要政治觉悟高、德才兼备的学术人才。

新中国社会各阶层的情况比较复杂，青年队伍本身也是复杂的，他们

---

① 石云霞：《新中国思想理论教育60年(1949～2009)》，华中科技大学出版社2009年版，第72～73页。

② 石云霞：《新中国思想理论教育60年(1949～2009)》，华中科技大学出版社2009年版，第72～73页。

③ 何东昌主编：《中华人民共和国重要教育文献(1949～1975)》，海南出版社1998年版，第6页。

出身于各种不同的阶级，也有相当一部分受过旧社会的教育，世界观、人生观和价值观各不相同，有合理的成分，也不同程度带有旧社会的烙印。大学生是国家的未来，是国家建设的栋梁之材，决定着国家的兴盛与发展。1949 年 9 月 29 日，中国人民政治协商会议第一届全体会议通过的《共同纲领》对新民主主义的教育方针作了明确的规定："中华人民共和国的文化教育为新民主主义的，即民族的、科学的、大众的文化教育。人民政府的文化教育工作，应以提高人民文化水平、培养国家建设人才，肃清封建的、买办的、法西斯主义的思想，发展为人民服务的思想为主要任务。"①新民主主义的教育是民族的、科学的、大众的教育，即方向是为人民服务的，要有民族的形式，要有科学的内容。高等教育在过渡时期的任务是："要把学生培养成为懂得马克思列宁主义理论基础，掌握现代最新的科学技术知识，身体健康，并全心全意为社会主义建设事业服务的各种高级专门建设人才。"②新中国成立初期的国情决定了高校理想教育必须密切结合国家政治、经济和文化教育的状况，结合全民族的文化教育开展工作，逐步探索教育的原则、内容与方法。

(一)结合国家建设的实际需要，实施教学与实际联系的教育方法

根据《共同纲领》的要求，"我们的高等教育，必须密切地配合国家经济、政治、文化、国防建设的需要"③。教育部在进行全国高校教学改革时，一项重要的原则是根据国家建设的总计划，有计划、有步骤地与经济建设的各个业务部门配合起来，适应生产建设目前的和长远的需要。社会生活的教育作用最为广泛和直接，高校课程改革的基本原则是理论与实践相结合，即理论知识与专门知识相结合，理论学习与生产实习相结合。例如，1950 年 5 月 19 日教育部颁发的《北京师范大学暂行规程》规

---

① 中共中央文献研究室编：《建国以来重要文献选编》第 1 册，中央文献出版社 1992 年版，第 10 页。

② 何东昌主编：《中华人民共和国重要教育文献(1949～1975)》，海南出版社 1998 年版，第 456 页。

③ 何东昌主编：《中华人民共和国重要教育文献(1949～1975)》，海南出版社 1998 年版，第 26 页。

定:学生除了参加各项社会实践活动外,"本科各系实习参观为教学的组成部分,约占总时数的15%"。[①] 通过参加生产劳动、群众斗争、社会活动等,使大学生的感性认识与理论知识相印证,取得巩固提高的效果。在实践中学会做人做事,达到了解国情、增长才干、培养品格、增强责任感的目的,只有通过亲身体验,大学生才能真正理解社会主义事业的伟大与艰辛,从而转化为内心的理想信念,转化为前进的动力,完成自我管理、自我教育、自我约束、自我提高,促进形成马克思主义世界观、人生观和价值观。但部分高校在执行教育过程中存在以"为实际服务"为借口抹杀系统理论研究与学习的作用、只顾眼前利益不顾长远需要的倾向。

为使大学生更多地接触社会、了解社会、增长才干,参加生产劳动、社会实践活动是一项重要的教育内容。党中央要求各级领导思想上要重视,统一组织领导,规范制度。除了贯彻生产实习制度、加强对生产实习的领导外,各高校以校园文化建设为抓手,一方面不断改进课外活动,增强思想性,加强与课内教学活动的配合和联系,同时积极开展群众性的文娱体育活动,采取丰富多样的形式吸引大学生参与到有益身心健康的集体活动中来;另一方面在校内外组织大学生进行一些对公众有益的社会义务劳动和服务工作等,对丰富大学生的文化知识、增强大学生体质、扶植正气具有良好的作用。

(二)通过开展全国人民的政治学习运动,推动高校理想教育

随着社会主义建设和社会主义改造的进行,外国帝国主义和国内已被消灭和将被消灭的阶级中的顽固反动分子力图破坏社会主义的事业,他们破坏我们事业的最重要的方法之一,就是"用资产阶级的思想反对马克思主义的思想,用唯心主义的世界观反对唯物主义的世界观。他们用这个方法抗拒改造,阻碍社会的进步,阻碍科学和文化的进步,阻碍建设

① 参见陈大白主编:《北京高等教育文献资料选编(1949～1976)》,首都师范大学出版社2002年版,第41页。

事业的发展，并且腐蚀劳动人民，直到腐蚀我们的党”①。国内外的反动分子想尽一切办法来和我们争夺青年，用资产阶级的腐朽思想和生活方式直接、间接地影响、腐蚀和毒害青年一代。资产阶级思想在学术文化领域中、在知识分子中还有深刻的影响，有些人分不清唯物主义思想和唯心主义思想的区别，有些人在思想上是唯心主义者，实际上却被资产阶级唯心主义的世界观俘虏。因此，认真加强全党、全民思想工作是当时的一项重要工作，为了适应社会主义革命和建设的需要，在全国掀起了重新学习马克思主义的高潮，旨在坚定党员及人民群众的无产阶级立场，提高思想觉悟，自觉、理性抵制资产阶级思想的侵蚀，保证各项革命和建设任务顺利完成。

毛泽东指出：“我们必须克服困难，我们必须学会自己不懂的东西。”②党中央对广大党员和人民群众的思想教育提出了明确的要求，结合当前的形势和社会实际规定了理论学习的内容和基本方法，特点是范围广泛，重点突出。思想理论学习的主要内容是马克思主义的基本理论、毛泽东著作及党的文献，同时借鉴苏联理论教育的成功经验，根据不同的社会层面及文化水平采取不同的教育方法区别对待，党的干部特别是高级干部是思想理论教育的重点对象，在学习的过程中注意学习政治常识，并与形势政策教育、革命传统教育结合起来，强调要围绕党的中心工作和重大的现实问题进行。

（三）加强党的宣传工作，促进高校理想教育

为加强全体党员及人民群众的社会主义教育，提高马克思列宁主义、毛泽东思想理论水平，除了专题教育、学习之外，还必须宣传党的主张、党的政策、党的基本观点，以马列主义的观点反对一切错误的观点，结合实际用理论和政策去说服群众，将理论自觉地运用到实际生产、生活中，并在实践中不断发展，这是党的宣传工作的重要意义。加强宣传工作是推

---

① 何东昌主编：《中华人民共和国重要教育文献（1949～1975）》，海南出版社 1998 年版，第 419 页。

② 《毛泽东选集》第 4 卷，人民出版社 1991 年版，第 1481 页。

动思想理论教育的重要环节，党历来都非常重视宣传工作，在广大的范围内宣传马列主义、毛泽东思想，使马列主义原理通俗化，使其中国化。

1951 年 5 月，中国共产党召开第一次宣传工作会议，通过了《关于加强党的宣传教育工作的决议》。决议指出，党的宣传工作主要包括两方面的内容：一是对当前中心工作、时事政策的宣传；二是对马列主义基本理论的宣传。实质就是通过宣传教育解决“跟党走”的问题。因此，做宣传工作就是做思想教育工作。中国共产党在长期艰苦的革命斗争中，最有效地在中国人民中宣传了马克思列宁主义并取得了伟大的成绩。在新的形势下做好宣传工作，一是注意思想斗争，反对自由主义的风气和自由主义的态度；二是完善宣传机构建设，建立能够经常做宣传工作的机构，以便使宣传工作不断地、随时随地地进行，同时增加人力、物力投入；三是运用好各种宣传工具与媒介扩大宣传影响，如报纸、期刊、戏剧、电影、广播、学校等。之后党中央召开一系列关于宣传工作的重要会议，制定了宣传教育方针并组织实施，进一步整顿和改进宣传教育工作，并用各种办法逐步克服工作中的缺点，真正做到在全国范围内、在全体规模上来宣传马克思列宁主义、毛泽东思想，提高全国人民的阶级觉悟和思想水平，有力地推动党的思想理论教育工作，为建设社会主义和实现共产主义打下思想基础。

第二章　全面建设社会主义时期高校理想教育

全面建设社会主义时期是指从 1956 年到 1966 年我国社会主义改造胜利完成后全面开展社会主义建设，该时期国家发展的突出任务是加强思想建设与经济建设。高校理想教育的内容有了更加具体的目标，即教育大学生树立共产主义人生观和世界观，培养共产主义道德品质和革命意志，努力攀登科学高峰，走又红又专的道路，为社会主义建设而奋斗。

一、全面建设社会主义时期高校理想教育的主要内容

新中国成立以来，国家在各个战线上取得了伟大的成绩，第一个五年计划的超额完成为社会主义建设开了好头，教育事业提前三年完成第二个五年计划规定的发展指标，教育质量有了显著提高。但基础的薄弱情况短时间内无法得到改善，因此在文化教育方面加强政治思想领导的同时，勤俭建国、多快好省地发展教育事业是这一时期的重要建设任务。中共中央宣传部部长陆定一在全国教育工作会议的讲话中明确提出，教育必须与政治结合，教育必须同劳动结合，注重改造旧知识分子，打造工人阶级知识分子队伍，培养又红又专的人才。1957 年，毛泽东在《关于正确处理人民内部矛盾的问题》中指出，“我们的教育方针，应该使受教育者在

德育、智育、体育几方面得到发展，成为有社会主义觉悟的有文化的劳动者”①，对人才培养的考察设定了政治质量、文化质量和体格健康质量即德育、智育、体育三个指标。德育培养目标指的是要有正确的阶级观点、劳动观点、革命观点和集体观点。智育的培养是要养成良好的学习风气，活到老，学到老，做到老，改到老；学习的途径是向群众学习，向书本学习，在实际斗争中学习；学习的内容是哲学、社会科学知识、自然科学知识及生产知识等。体育的教育则是要加强体育锻炼，从而提升革命意志品质，培养旺盛的斗志、顽强的工作精神及刻苦学习的精神。大学生在德育、智育和体育三方面不断提升才能更好地适应阶级斗争、生产斗争和科学实验三大革命运动的需要。

（一）树立共产主义世界观，努力攀登科学高峰，走又红又专的道路

彼时国家教育的情况是人口多且文化水平低，因此大学生的教育与培养是最紧迫的任务，教育的主要内容是勤学本领，提高知识水平。毛泽东认为，“没有正确的政治观点，就等于没有灵魂”②，大学生树立共产主义世界观是首要任务。同时，他认为知识有两种，即阶级斗争知识和生产斗争即与自然斗争的知识。前者是决定生死存亡的关键，在当前只有掌握阶级斗争知识才能与残存的剥削阶级斗争并取得胜利，坚持走社会主义道路；后者则是国家建设所必需的，只有学好科学文化知识，才能提高效率，增加产量，加快生产步伐，早日实现国家的富强。在学习普通知识的同时，要特别注意培养大学生辩证唯物论的世界观、共产主义的方向，政治是统帅，如果不能坚持正确的方向，就不能形成系统的知识体系，学习也不能达到足够的深度和广度。共青团三届三中全会作出了《关于组织广大青年学习马克思列宁主义、毛泽东著作的决议》，出版了适合青年阅读的选本，要求掀起学习理论的热潮，在工作和学习中坚持马克思列宁主义的普遍真理同我国革命和建设的具体实践相结合的原则，充分领会

---

① 《毛泽东文集》第7卷，人民出版社1999年版，第226页。

② 中共中央文献研究室编：《建国以来重要文献选编》第10册，中央文献出版社1992年版，第85页。

这些著作的精神实质，掌握加速社会主义胜利的强大的思想武器，摆脱旧思想的束缚，改造思想、改进工作，成为自觉的共产主义战士。

1964 年 1 月 3 日，《人民日报》发表题为《对子女进行阶级教育是父母的革命责任》的社论，认为社会教育、学校教育、家庭教育是整个教育事业中培养青年一代的三个环节，三者密切相关，不能相互代替。大学生可塑性强，将来成为什么样思想品质的人，与现在的培养教育有很大的关系。良好的家庭教育和良好的社会教育、良好的学校教育相得益彰，在家庭教育中，父母应以身作则，通过言教、身教对子女进行影响和教育，其中一项重要内容就是革命历史的教育和革命传统的教育，这样的教育具有更大的说服力和更深的感染力，为人父母要肩负起教育子女的神圣责任。

教育大学生树立坚定的社会主义信念，革命和建设必须要依靠党，建立党的巩固的领导权，相信党是唯一正确的道路。教育大学生们一切属于党，学习是为了党，对党和国家的热爱是顽强学习的强大动力。高校在鉴定大学生时首先注意考察政治觉悟的程度及解决实际问题的能力，其次是课内学习的成绩，前者包括对学生的政治觉悟、思想意识、道德品质及劳动中的表现的考察，不必涉及生活细节，主要采取做鉴定的办法，其成绩也作为考评大学生的标准。对于个别思想反动、品质恶劣、违反学校纪律、屡教不改的大学生按学校规定另行处理。大学生的思想政治鉴定在整个学习期间一般进行两次或三次，包括毕业鉴定在内，鉴定要求实事求是，允许本人申诉或保留不同意见，并且记录本人的不同意见。

（二）向雷锋学习，培养共产主义道德品质和革命意志

新中国成立以来，在党和国家的教育培养下，大学生是积极向上的，爱护集体、遵守纪律、维护社会公德、友爱互助、勤俭节约，但在经济生活十分困难的情况下也存在一些问题，部分青年缺乏信心、意志消沉，社会上的反动阶级残余和坏分子趁机加以煽动，如果不抓紧进行共产主义道德教育，危害将是深远的。加强对大学生的共产主义道德教育，树立良好的社会风气，是思想工作中的一项经常性的重要任务，工作中采用正面引导、民主讨论、说理等富有感染力的方法，倡导维护社会公德、自觉遵守法纪的道德风气，抵制破坏社会治安、扰乱公共秩序的流氓行为；倡导关心

集体利益和群众利益、爱护公共财物的道德风气，反对贪污偷盗、不劳而获、投机倒把等不法行为；发扬艰苦奋斗的优良传统，培养勤劳俭朴的生活习惯，反对好逸恶劳、腐化堕落的行为。

1963年2月15日，共青团中央发出在全国青少年中广泛开展“学习雷锋”的教育活动的通知，为青年树立了一个具有坚定的无产阶级立场和高尚的共产主义思想品德的榜样。毛泽东号召“向雷锋同志学习”[①]，学习他忠于党、忠于人民的政治品格；学习他甘做一个“永不生锈的螺丝钉”[②]、全心全意为人民服务的精神；学习他毫不利己、专门利人的共产主义风格；学习他坚持又红又专的方向，刻苦钻研、坚忍不拔、克勤克俭、艰苦朴素的作风。雷锋精神是时代精神的标志，广大青年在学习雷锋先进事迹的过程中，增强了自我改造的决心和信心，提高了共产主义思想觉悟和道德品质，为经得起阶级斗争与生产斗争的严峻考验打下基础。

（三）热爱劳动，艰苦奋斗，勤工俭学，加强体育锻炼，发展健康的身体

在“知识分子劳动化，劳动人民知识化”[③]的方针指引下，与旧式学校大学生独善其身、不相闻问的作风不同，树立共产主义理想、发扬集体主义精神、关心祖国的前途命运、热爱劳动和热爱劳动人民已经成为新中国大学生的重要特征。大学生们积极参加各种社会生产活动，将脑力劳动和体力劳动结合起来，不仅受到了很好的劳动锻炼，更深刻表明了他们和工农群众结合的决心。

为教育大学生积极响应党中央勤俭建国、勤俭办学的号召，高校推行勤俭求学的办法，关注家庭经济困难的大学生，有计划地组织大学生参加工农业生产劳动、公益劳动等，倡导大学生边劳动边学习，半工半读，用劳动收入解决全部或部分学习和生活费用。革新学习风气，改变旧社会遗

---

① 共青团中央青运史工作指导委员会办公室编著：《中华人民共和国青年工作编年纪事（1949年10月～1994年12月）》，天津人民出版社1996年版，第159～160页。

② 共青团中央青运史工作指导委员会办公室编著：《中华人民共和国青年工作编年纪事（1949年10月～1994年12月）》，天津人民出版社1996年版，第159～160页。

③ 中共中央文献研究室编：《建国以来重要文献选编》第19册，中央文献出版社1998年版，第514页。

留的鄙视体力劳动和劳动人民的思想恶习，“培养学生的劳动观点、劳动习惯、刻苦耐劳的品质和劳动人民的思想感情”①，培养大学生艰苦奋斗、自力更生的精神，培养劳动习惯和艰苦朴素的作风，锻炼大学生体力，帮助他们成长为新型知识分子，为改变十分落后的农业国现状贡献自己的力量。在大学生中开展勤工俭学的途径包括农业生产劳动、农村副业和手工业生产劳动、基本建设工地和运输业的劳动、校内外的服务性劳动以及工业生产劳动等。各高校有计划、有步骤地安排勤工俭学活动时，注意到了照顾家庭经济困难的学生，注意到了坚持自愿和课余原则以及注意生产劳动与各种义务劳动相结合等。1958 年起，在全国推行有步骤地实现半工半读的教育制度，高校与建设单位进行合作，将教学与劳动相结合，大学生积极参加生产劳动，达到学校经费自给、半自给或部分自给的目的。

拥有健康的身体才能拥有征服自然、改造自然的能力、毅力与决心，才能振奋革命精神，承担起国家建设的重任。同时，这也关系到下一代的健康成长。新中国成立以来，党中央一直非常重视体育教育工作。教育部与卫生部注重加强高校保健工作，认为健康是高校录取新生的重要条件之一，制定了详细的健康检查标准，健康检查不合格的不准报考高等学校，并为所有大学生建立健康记录档案。对于研究生的招生选拔，1959 年教育部明确规定要“身体健康，能坚持学习”②。1958 年制订的《体育运动十年发展纲要》提出，要大力开展群众性的体育运动，在体育运动广泛开展的基础上，加速提高运动技术水平，从而掀起了全民参加体育活动的热潮。1960 年，教育部、卫生部联合发出保护学生视力的通知，督促各级学校及家长加强用眼卫生的宣传与教育，以适应当前及未来国家建设事业的需要。这一时期，全国开始加强体育学院、体育专科学校及各高校体育系、科的建设，体育教育事业有了很大发展。从 1960 年开始，在全国范围内掀起爱国卫生运动与体育运动的高潮，推动了群众性体育运

---

① 何东昌主编：《中华人民共和国重要教育文献（1949～1975）》，海南出版社 1998 年版，第 800 页。

② 何东昌主编：《中华人民共和国重要教育文献（1949～1975）》，海南出版社 1998 年版，第 915 页。

动的发展。各高校根据自身不同条件和大学生不同年龄、性别与健康情况，采取不同的锻炼方式，培养良好的卫生习惯，改善环境卫生，加强卫生宣传教育，消灭常见疾病。抓教学，抓生产，更要抓生活，各高校加强伙食管理，保证大学生伙食定量，设法增加营养，保证八小时睡眠，使大学生的身高、体重有所增加。重视学校体育教学，从1961年开始编写、出版体育课的教材纲要和教学参考书，根据大学生健康情况适当安排体育器材和运动量，认真组织早操、课间操和课外体育活动，增强大学生的体育知识和技能，达到锻炼身体的目的。1965年7月3日毛泽东对减轻学生负担问题做了批示后，教育部党委经过调查研究，发布《高等教育部党委关于减轻高等学校学生负担、促进学生德智体全面发展问题的报告》《高等教育部关于增进高等学校学生健康、实行劳逸结合的若干规定（草案）》，明确要求各高校提高思想认识，改进领导方法和工作作风，重视大学生的健康成长。为达到这一目的，各高校不断深入进行教学改革，减轻学习负担；合理安排与严格控制校内外的各种活动，劳逸结合，减少大学生的活动总量，保证大学生的休息时间和自由支配时间；大力提倡体育锻炼及文娱活动，根据大学生的实际情况安排各种劳动、社教活动及军事训练等。

二、全面建设社会主义时期高校理想教育的途径

（一）全面建设社会主义时期高校政治理论课程的设置与规划

高校政治理论课是配合学校各项思想政治工作、同反动势力争夺青年一代的重要阵地。其根本任务是用马克思列宁主义、毛泽东思想武装青年，对他们进行无产阶级教育，培养坚强的革命接班人。

1.政治理论课课程设置情况

这一时期，在政治理论课课程的教学时间方面，理、工科占总学时的10％左右，文科占总学时的20％左右。① 政治理论课程主要包括“马列主

① 参见何东昌主编：《中华人民共和国重要教育文献（1949～1975）》，海南出版社1998年版，第1061页。

义基础”“中国革命史”“政治经济学”和“辩证唯物主义与历史唯物主义”4门。1961年进行了调整，高等学校共同政治理论课程包括“马克思列宁主义基础理论”“形势和任务”两部分，在文科专业中不超过课堂教学总时数的20％，在理、工、农、医专业中一般不超过课堂教学总时数的10％。而“形势和任务”课的课堂教学时间平均每周为1～2学时。[①] 1964年，课程继续进行改革，贯彻“少而精”的方针，把宣传毛泽东思想作为最根本的任务，把毛泽东著作作为最基本的教材，课程包括“形势与任务”“中共党史”“哲学”和“政治经济学”等。[②]

为了贯彻中央提出的“百花齐放，百家争鸣”的政策，使大学生增强鉴别唯物主义和唯心主义学术思想的能力，除了开设系统的政治理论课学习政治理论，加强社会主义教育和共产主义教育外，教学中适当地增加了哲学、政治经济学及革命史的内容，更为重要的是为增强反击唯心主义的战斗力，还开设了资产阶级唯心主义反面课程，如西方的心理学、教育学，康德哲学思想，黑格尔唯心主义哲学等。同时，教育部在若干高校有关专业试开“唯心主义派别的学说介绍与批判”课程或讲座。主要内容是对当时资本主义国家流行的和在旧中国学术界思想影响较大的唯心主义派别进行介绍和批判，由于受师资等条件的限制，只作为选修和加修课程，授课形式包括课堂讨论、自由辩论等。在授课对象方面，遵循自愿原则，在三年级以上本科生和研究生中开设相关课程。

高校培养研究生是为国家培养攀登科学高峰的优秀后备军，高水平的科学技术人才不能忽视政治思想教育。研究生政治理论课的学习时间一般规定为160～200小时，学生要在入学后一年半内通过政治理论课考试，而且每周思想政治教育报告的时间原则上与本科生相同。研究生至少学习一门政治课，主要是哲学，也可以是其他政治课，要求比大学阶段所学内容更深更广。研究生同样要按要求参加全校性的政治学习和规定的生产劳动。

---

① 参见段忠桥主编:《建国以来普通高校马克思主义理论课和思想品德课课程设置及教学内容历史沿革资料汇编》上编，高等教育出版社2004年版，第18页。

② 参见段忠桥主编:《建国以来普通高校马克思主义理论课和思想品德课课程设置及教学内容历史沿革资料汇编》上编，高等教育出版社2004年版，第26页。

2.政治理论课的教材与教学方法

教材与课程一样一直在摸索中前进，教材的来源主要有三部分：一是马克思主义经典著作；二是毛泽东著作、中央相关政策、党和国家其他领导人的著作与讲话等；三是中共中央宣传部编写的材料。

在教学原则与方法方面，一是结合当时政治运动的情况与师生的政治思想问题，教师既要会教书，又要会开展思想改造工作，学会抓活思想，善于做人的工作，及时掌握大学生的思想动向，有针对性地解决问题。二是坚持启发式教学，废止注入式教学，一般采取四个步骤：启发报告、读书、讨论、总结或解答。教学中提倡认真学习、刻苦钻研和在学术问题上的自由争辩，目的是将政治理论课教活，培养师生独立思考的能力和习惯。三是除上课之外还要求教师采取灵活的方式，比如联系一个重点班，适当兼做一些党、团工作，兼任班、级主任和政治辅导员等，使自己成为大学生的知心朋友。“形势和任务”课则主要是向学生作报告和组织学生阅读文件，并辅之以座谈和讨论。政治理论课最初的考试方法是根据试卷或口试结果评分，注意测验大学生对马克思列宁主义基本理论知识的理解程度，同时注意测验大学生运用理论知识分析实际问题的能力。后期改革考试方法，摒弃死记硬背，以大学生自选题目写学习心得、思想小结等方式代替考试。

3.政治理论课师资队伍的建设

政治理论课教学的根本改进同教师队伍的革命化有着密切联系，教师只有用毛泽东思想武装头脑，锻炼成为坚定的革命者，具备做大学生思想工作的能力才能把教学工作做好。因此，政治理论课教师不仅要会教书，还要会进行思想改造工作，与其他教师相比必须具备更高的政治素养。政治理论课教师必须结合实际斗争认真学习马克思列宁主义、毛泽东著作，不断提高共产主义觉悟和道德品质，树立工人阶级的世界观，真正为人师表，切实提高政治、文化与业务水平。

教师的数量和质量暂时不能满足教育发展的需要，师资的培养和调配依然是教学中一个亟待解决的问题，采取的措施是一方面分配政治、业务好的高校毕业生做助教以培养年轻的师资力量，另一方面增加国内外研究生培养和组织教师进修来提高师资数量与水平。教育部规定了老学校支援新学校的任务，发扬共产主义的协作精神，对于普通政治理论课程教师的培养，由中国人民大学、各大区中央局指定的高校和省、直辖市、自治区的中级党校负责；骨干教师由中央高级党校、中国人民大学研究班和教育部指定的高校负责培养。同时，要求适当减轻教师的社会工作，争取在3～5年内做到每门马克思列宁主义基础理论课程都有一定数量的骨干教师。教师不仅要努力学习，不断提高理论水平，还要和学生一起下乡下厂参加社会主义教育运动。充实、调整政治理论课教师队伍，教育部要求教师与全校学生之比应当为1∶100，千人以下的学校，每门课配备教师2～3人。①

（二）对知识分子的教育与改造

随着社会主义经济、文化建设的深入，科学干部、技术干部和一般文化干部的重要性日益凸显，我国知识分子无论在数量上还是质量上都远不能满足国家发展的需要。党历来重视知识分子工作，规定和执行了关于团结、教育、改造知识分子的政策，通过一系列正确的政策和细致的工作方法取得了巨大的成绩和丰富的经验。在学术工作中，坚持百花齐放、百家争鸣、不打棍子、不抓辫子、不贴标签，充分调动广大知识分子的积极性，使他们能够心情舒畅、放心、负责任地工作，踏踏实实做出成果。科学研究工作大规模地开展起来，科学技术队伍迅速壮大，水平有所提高。毛泽东提出“又红又专”的建设目标，为科学工作者提出了明确的努力方向。“红”起统帅作用、推动作用和保证作用，是首先和主要的，指的是人的政治立场，拥护党的领导，拥护社会主义，用自己的专门知识为社会主义服务。“专”对于知识分子来说是天经地义的，当时专家太少，尤其是有杰出成就的著名科学家更少，在人民内部，学术问题要有充分的自由和民主，否则不利于学术的发展。红与专是统一的，如果不注意思想政治，一味只求业务发展是非常危险的，既要反对“空想政治家”也要反对“迷失方向的实际家”。② 正确划分政治问题、思想问题、学术问题、具体工作问题之间

---

① 参见何东昌主编：《中华人民共和国重要教育文献（1949～1975）》，海南出版社1998年版，第1323页。

② 参见《毛泽东文集》第7卷，人民出版社1999年版，第351页。

的界线,学术问题要采取自由讨论的办法,不能引申为思想问题与政治问题来对待。对于大量业务上有专长的知识分子,以多帮助、多鼓励的态度,将思想政治工作深入科学研究工作中,密切结合具体情况和特点,讲究实效,力戒形式主义。

这一时期全国大约有 500 万名知识分子,其中绝大多数都是爱国的,愿意为人民服务,思想上已经有了显著的进步,但不应当放松要求,需要继续提高。1962 年,周恩来在广州发表了题为《论知识分子问题》的讲话,指出要通过细致的工作保证知识分子必要的工作条件和学习进修的条件,享受适当的政治待遇,充分动员、发挥他们的才能。知识分子要自觉加强思想改造,逐步改变旧的立场和思想体系,养成互相尊重、互相帮助、互相学习的新风气,不断提高政治觉悟和业务能力。

师资培养一直是高等教育改革与建设的重点,培养社会主义的教师队伍,包括培养新的师资和改造提高现有师资两个方面的问题。在教育部的积极推动下,师范教育得到重视,教师政治理论和文化业务学习得到加强,广大教师努力进行自我改造和自我教育,自觉担负起培养有社会主义觉悟的有文化的劳动者的光荣任务。

(三)高等学校政治辅导员与政治工作的建设

1952 年 10 月 28 日,教育部发出了《关于在高等学校有重点地试行政治工作制度的指示》,明确指出要在高校设立政治辅导处并配备辅导员。在政治辅导处主任领导下辅导一个系或几个系学生的政治学习和社会活动,辅导员按照党委的部署组织和推动教职员工开展政治理论学习和社会活动,主要做政治工作,做大学生的“政治领路人”。从 1953 年起,在北京大学、清华大学试点。1961 年 9 月颁布的《中华人民共和国教育部直属高等学校暂行工作条例(草案)》明确规定,在高等学校一、二年级设政治辅导员或者班主任,从专职的党政干部、政治理论课教师和其他青年教师中挑选有一定政治工作经验的人担任,并逐步培养和配备一批专职的政治辅导员。

1964 年 6 月 10 日,教育部党组发布《关于加强高等学校政治工作和建立政治工作机构试点问题的报告》,要求全国高校平均每 100 个学生配备一名政治工作干部，有步骤地建立政治工作机构，充实和加强政治工作干部队伍，改进和加强各高校的思想政治工作，促进高等教育事业的革命化，保证培养又红又专的人才。高等教育部改党组为党委制，在高等教育部和直属高校建立政治部，以改进高校思想政治工作，拟确定北京大学和清华大学作为试点学校。各试点的高校设政治部，班级配备政治辅导员或班主任，教研室和其他基层单位根据需要配备专职或兼职的政治工作干部。其他高校则积极充实和加强政治工作干部队伍，通过校内调剂和选留优秀毕业生的方式在两三年内配齐。

共青团与学生会依然是高校理想教育的重要组织与抓手，是高校政治工作制度的重要组成部分。政治工作制度不断完善，队伍不断壮大，贯彻党的教育方针，有针对性地开展思想政治教育活动，在全校师生中进行马克思列宁主义、毛泽东思想宣传，宣传党的路线、方针、政策，充分调动师生积极性，组织、引导全体师生积极参加各种实践与社会运动，为不断提高师生思想政治觉悟和道德品质提供了重要保障。

三、全面建设社会主义时期高校理想教育的特点

进入大规模社会主义建设新阶段，高校的理想教育也在探索中不断取得成绩，教育质量有了很大提高，其中一个非常明显的特点是突出生产劳动、社会运动在教育中的作用。

教育与生产劳动相结合是马克思主义的基本教育原则，也是我党历来坚定不移的方针。毛泽东在 1958 年的一次讲话中指出："教育必须为无产阶级政治服务，必须同生产劳动相结合。"[①]在全国开展鼓干劲、增产节约运动的大背景下，1958 年党中央提出教育与生产劳动相结合的方针，各高校开展了深刻的改革。改革内容之一是把生产引进学校，实行教学、生产和科学研究三结合，突出生产实习与社会实践环节，并制定了详细的生产实习经费开支标准与使用规定。教育部要求在所有的学校中进行马克思列宁主义的政治与思想教育的同时，必须把生产劳动列为正式课程，杜绝四体不勤、五谷不分，要求每个大学生必须按照规定参加一定

---

① 《毛泽东同志论教育工作》，人民教育出版社 2000 年版，第 248 页。

时间的劳动，如规定全日制高校每年的全部生产劳动时间一般为2～4个月，后来规定为2～3个月，包括假期劳动和社会公益劳动。大学生参加生产劳动有三种基本形式：第一种是在校办的农场和工厂中劳动，第二种是学校安排的下厂下乡劳动，第三种是参加社会公益劳动。研究生的生产劳动主要是参加工农业劳动或公益劳动，时间上要求平均每年半个月至一个月，根据具体情况集中或分散安排。高校对大学生参加生产劳动进行考核，一般采用写评语的方式，对于违反劳动纪律、态度恶劣的学生予以批评并在下一学年的劳动中继续考察，对个别屡教不改的学生则严肃处理。通过生产劳动的实践，师生能够更多地掌握实际生产知识，树立热爱劳动和尊重劳动的风气，加强了社会与学校的联系，有助于理论与实际相结合、脑力劳动与体力劳动相结合、知识分子和工农群众相结合，促进教学工作和科学研究工作。

第三章 改革开放初期高校理想教育

1978年,党的十一届三中全会实现了伟大的历史转折,在"一个中心,两个基本点"社会主义初级阶段基本路线的指引下,全党全国将工作重心转移到经济建设上来。高校理想教育进入一个新的发展时期,主要内容是进行改革开放的教育,反对资产阶级自由化,推动教育形式多元化,注重大学生的全面发展。

一、改革开放初期高校理想教育的主要内容

1986年9月,中国共产党第十二届中央委员会第六次全体会议通过的《中共中央关于社会主义精神文明建设指导方针的决议》指出,建设有中国特色的社会主义,把我国建设成为高度文明、高度民主的社会主义现代化国家,是现阶段我国各族人民的共同理想。这个共同理想集中体现了我国工人、农民、知识分子和其他劳动者、爱国者的利益和愿望,是保证全体人民在政治上、道义上和精神上团结一致、克服一切困难争取胜利的强大精神武器。改革开放初期的高等教育事业依然坚持1958年毛泽东提出的"应该使受教育者在德育、智育、体育几方面都得到发展,成为有社

会主义觉悟的有文化的劳动者"[1]的教育方针，高校大学生的培养目标是："具有爱国主义和国际主义精神，具有共产主义道德品质，热爱中国共产党，热爱社会主义，自觉自愿为社会主义事业服务，为人民服务。"[2]培养的人才需要具备共产主义的觉悟和品德，具备为人民服务和为"四化"献身的精神，即有理想、有道德、有文化、守纪律的社会主义新人。高校的任务是培养大学生成长为有革命理想、讲革命道德、守革命纪律、有文化的又红又专的人才。这一时期，高校理想教育的主要内容包括以下三个方面。

（一）坚定马克思主义理想信念，反对资产阶级自由化

党的十一届三中全会以后我国实行对内改革、对外开放的政策，对外开放主要是指扩大地方和企业的外贸权限，鼓励增加出口，办好出口特区，目的是加强国际经济交流与合作，吸收外国资本，学习外国先进的生产技术和管理经验来发展社会主义经济。而此时正值西方资产阶级的新自由主义经济思想处于巅峰时期，小资产阶级思想在我国有一定的社会基础，社会上又存在崇洋媚外的思想与投机跟风的心理。一些人在向西方国家"取经"的同时，贩来了"新自由主义"这种"时髦货"，以"新自由主义"的观点诠释改革开放，反对四项基本原则。邓小平提出，搞资产阶级自由化就是走资本主义道路，必须旗帜鲜明地反对资产阶级自由化，坚持四项基本原则、反对资产阶级自由化是维护安定团结政治局面的关键，也是稳定高校局势的关键。社会主义建设必须在安定团结的条件下有领导、有秩序地进行，邓小平特别强调马克思主义信念、共产主义理想是我们革命与建设战胜千难万险的巨大动力。在新的历史时期，加强高校理想信念教育，具有重大的现实意义和深远的历史意义。高校思想政治工作以坚持四项基本原则、反对资产阶级自由化为重点，帮助大学生逐步树立正确的世界观和人生观，沿着正确的方向健康成长。各高校要求广大马克思主义理论课教师认真学习反对资产阶级自由化的论述及中央相关

---

① 《毛泽东文集》第7卷，人民出版社1999年版，第226页。

② 何东昌主编：《中华人民共和国重要教育文献（1949～1975）》，海南出版社1998年版，第1640页。

文件精神，统一思想，提高认识。同时，马克思主义理论课教师通过深入了解资产阶级自由化思潮在大学生中的影响，来增强教学的针对性。

这一时期，剥削阶级虽然已不复存在，但社会上还存在剥削阶级残余、新的反革命势力和少数犯罪分子，反映在意识形态领域的斗争还将长期存在。因此，只有通过加强大学生思想政治教育、不断提高学生的社会主义觉悟、确立正确的政治方向才能自觉抵制各种剥削阶级思想的侵蚀和腐朽生活方式的影响。对大学生的理想教育是从中国国情出发，从大学生的实际水平出发，结合大学生的思想特点有计划地进行。要把坚定正确的政治方向始终放在教育工作的第一位，旗帜鲜明地对大学生进行系统的马克思列宁主义、毛泽东思想基本原理的教育，培养他们运用马列主义的立场、观点、方法分析问题和解决问题的能力，逐步树立辩证唯物主义和历史唯物主义的世界观，把思想统一到党的政治路线、思想路线和组织路线上来。教育大学生热爱党、信任党、坚持党的领导，正确认识新中国成立三十年来的成就和挫折、经验和教训，用正反两方面事实和他们容易接受的道理提高他们的思想认识，教育他们爱祖国，爱社会主义，拥护共产党的领导；教育他们只有坚持四项基本原则才能稳步推进改革开放和实现四个现代化，坚持党的领导、坚持社会主义制度首先要在政治上分清是非，正确理解解放思想和坚持四项基本原则、民主和法制、自由和纪律的关系，自觉维护和发展来之不易的安定团结的政治局面。

（二）培养爱国主义和国际主义精神，树立全心全意为人民服务的思想

爱国主义作为一项重要的教育内容，有其自身的特点和特殊作用。因为爱国主义有长期的历史传统，在社会舆论、社会心理上有深厚的根基，可以被最广大范围内的社会成员接受、理解，是一面具有巨大号召力的旗帜。各高校带领广大学生认真系统地学习革命传统，了解我党和我军的光荣历史，继承和发扬革命优良传统，像革命先辈一样热爱祖国和人民，把自己的命运同祖国的命运联系起来，怀抱崇高理想，热爱社会主义祖国，积极响应党和政府的号召，自觉增强社会责任感，将学习当代青年英雄典型与学习革命传统结合起来，感受革命传统和爱国主义精神在新

的历史时期的巨大力量，明确自己努力的方向，正确处理好个人的理想同人民的理想，社会理想同职业理想、生活理想的关系。教育的内容与形式则统筹安排，注重教育效果。20 世纪 80 年代，学习“对越自卫反击战”英雄和其他当代青年典型，开展“战士在我心中”“祖国在我心中”“我们活在英雄的事业中”等活动，引导大学生把革命前辈和当代青年英雄的感人事迹与崇高精神当作强大的精神动力，把强烈的爱国之情化为切实的报国之行。

共产主义道德品质教育主要是提倡爱祖国、爱人民、爱劳动、爱科学、爱社会主义的公德，对大学生分层次、有步骤地进行爱国主义、集体主义、社会主义、共产主义教育，教育大学生从自身做起，做转变社会风气的先锋，加强自身道德修养，增强法制观念，自觉遵纪守法，培养文明习惯，使尊敬师长、团结同学、热爱劳动、诚实谦虚、助人为乐、先人后己、舍己为公、文明礼貌、遵纪守法、顾全大局、舍己为人、关心集体、爱护公物、勤俭节约、讲究卫生成为每一个大学生的优良品质。教育大学生坚决捍卫人民利益，维护社会秩序，处处表现出良好的艰苦奋斗精神、献身精神和自律、守纪精神，个人利益服从国家、集体利益，全心全意为人民服务，形成良好的风气和道德风尚，成长为有为人民服务和为“四化”献身觉悟的人才。

（三）遵守纪律，勤奋学习，全面发展，成长为又红又专的人才

实现四个现代化，科学技术是关键，基础在教育。培养拥护共产党的领导、热爱社会主义祖国、积极为人民服务的德才兼备的大学生，是关系到国家前途和命运的大事。我国教育事业的根本任务是为社会主义建设培养合格的劳动者和各类专门人才。“七五”计划报告中明确提出贯彻执行德育、智育、体育、美育全面发展的教育方针，培养具有良好思想道德素质和科学文化素质的全面发展的社会主义新型建设人才是普通高校教育改革中的一项根本任务。邓小平早就指出：“我们要实现现代化，关键是科学技术要能上去。发展科学技术，不抓教育不行。”①1985 年，邓小平强

① 《邓小平文选》第 2 卷，人民出版社 1994 年版，第 40 页。

调:“中央提出要以极大的努力抓教育,并且从中小学抓起,这是有战略眼光的一着。如果现在不向全党提出这样的任务,就会误大事,就要负历史的责任。”[①]他认为要从战略高度考虑教育问题。“忽视教育的领导者,是缺乏远见的、不成熟的领导者,就领导不了现代化建设。”[②]1988年,邓小平再次提出:“不论怎么困难,也要提高教师的待遇。……我们要千方百计,在别的方面忍耐一些,甚至于牺牲一点速度,把教育问题解决好。”[③]邓小平的一系列重要指示深刻阐明了教育与现代化建设的关系,指明了教育发展和改革的方向。我国经济建设存在的低效率、低质量、低效益和高消耗的状况,根本原因在于劳动者素质不高、缺乏大量合格的专门人才。教育作为开发人的智力、提高人的素质的主要手段和途径,在现代化建设中越来越成为一个决定性的因素,因此必须把教育置于头等优先的地位,这也已经成为世界性的趋势。

掌握丰富的科学文化知识是现代人才的重要特征,知识在人类进步的过程中越来越显示出它的决定性作用。我们国家在改革开放初期底子薄、人口多、耕地少,科学技术力量很不足,科学技术水平从总体上看落后世界先进国家二三十年,不可能在短时间内根本改变,要靠青年和全体人民在几十年时间里团结奋斗,用自己的双手建设一个富强的国家,要达到理想的境界、幸福的生活状态还要靠我们的辛勤劳动。勤奋学习、努力掌握现代科学文化知识是党的要求、人民的期望,是大学生义不容辞的责任。大学生是祖国的未来,是社会主义事业的建设者和接班人,他们处在人生最宝贵的时期,肩负重大责任,只有立志把书读好,珍惜时光,集中精力,勤奋学习,以百折不挠的精神去奋勇攀登科学文化的高峰,掌握科学的学习方法,培养良好的学风,力争为国家的经济发展和社会进步做贡献,才能使自己的国家富强起来。在丰富专业知识的同时,大学生还需要加强思维能力、实践能力和创造能力等多种能力的培养和锻炼,接受更多的实际锻炼来增长才干。高校的人才培养注重大学生个体的成长,除了加强社会主义政治觉悟、培养科学精神和民主精神,还要教育大学生勤奋

① 《邓小平文选》第3卷,人民出版社1993年版,第120页。
② 《邓小平文选》第3卷,人民出版社1993年版,第121页。
③ 《邓小平文选》第3卷,人民出版社1993年版,第274～275页。

学习，努力掌握科学文化知识，积极锻炼身体，遵纪守法，德才兼备。

邓小平指出，有纪律是实现理想的重要保障，一靠理想、二靠纪律才能团结起来，才有力量实现伟大目标。严格校规校纪和学籍管理制度是完成教育目标的必要保证，国家教委要求加强大学生社会主义民主、法制、纪律的教育，遵纪守法。高校教育大学生严格遵守国家法令、校规和学习纪律，增强纪律性，这是理想教育的重要内容。

二、改革开放初期高校理想教育的途径

（一）“两课”建设与发展

马列主义理论课与思想品德课（简称“两课”）是社会主义各类高校的必修课，主要任务是系统地对大学生进行马克思主义三个组成部分的基本理论教育，武装大学生的头脑。新中国成立后，高校马列主义理论课程对于帮助大学生树立无产阶级的世界观，提高应用马列主义的立场、观点、方法分析和解决问题的能力起了重要的作用。广大教师在传播马列主义、毛泽东思想的理论知识方面付出了辛苦的劳动，做出了贡献。马列主义理论课与政治运动、形势教育、劳动教育、政治工作等结合在一起，从不同角度对大学生进行了马列主义思想教育。

1.1978～1984 年：高校政治理论课调整、完善阶段

社会主义改造时期和全面建设社会主义时期，高校政治理论课对于教育、培养大学生成长为又红又专、社会主义革命和社会主义建设需要的人才起了重要作用。党的十一届三中全会以来，广大马列主义理论课教师在各级党委的领导下，解放思想，在进行四项基本原则教育、培养大学生的共产主义道德等方面付出了巨大的努力并取得了一定成效。各高校遵照党中央的有关指示，克服困难、改进教学、密切联系实际，使马列主义理论课程适应社会主义现代化建设的新形势，取得了很大的成绩。高校马列主义理论课的地位和任务得到进一步明确，其任务是“对学生进行马列主义、毛泽东思想的基本理论教育，帮助学生完整地、准确地理解马列主义、毛泽东思想的科学体系，提高社会主义觉悟，逐步树立无产阶级的

世界观，掌握科学的方法论，初步具有运用马列主义的立场、观点和方法分析实际问题的能力，自觉地为社会主义现代化建设服务，为人民服务”①。

这一时期马列主义理论课程进行了调整与改善，各级党委、政府及教育部门加强对高校马列主义理论教育工作的领导，并配备专人负责。马列主义理论课的教学方针是坚持科学性和党性相一致的原则，真正做到为实现社会主义现代化建设服务。发扬理论联系实际的学风，着重联系我国社会主义现代化建设的实际和大学生的思想实际，加深对理论的领会，启发大学生独立思考，大胆发表自己的观点。在课程设置方面，全国高校恢复了“党史”“政治经济学”“哲学”和“国际共产主义运动史”等几门政治理论课。同时，党中央提出“完整地、准确地学习和掌握马列主义、毛泽东思想的科学体系”的要求，政治理论课是社会主义高等教育的重要标志，是培养又红又专人才的重要保证，必须“保持一定的科学体系，坚持科学性与党性的统一，坚持理论与实际相结合”，任务是“使学生逐步完整地准确地学习和掌握马列主义、毛泽东思想的基本原理，树立无产阶级的科学的世界观和方法论，提高用马列主义、毛泽东思想的基本原理研究新情况、解决新问题的能力”②。

在课程设置方面，高校各专业切实加强和改进政治理论课教学，指导学生认真学习马克思列宁主义、毛泽东思想，学习国内外形势和党的方针政策。各高校本科开设“中共党史”“政治经济学”“哲学”，文科专业加开“国际共产主义运动史”课程，根据实际情况开设“科学社会主义”课程。理、工、农、医各专业的这 3 门课程每门各上 1 学年，教学时数一般不少于 70 学时，每周 2 学时；文科专业 4 门课每门各上 1 学年，教学时数一般不少于 105 学时，每周 3 学时。教学大纲和教材可以选用教育部推荐的教材，也可自编。1981 年，教育部提出有条件的高校可以将自然辩证法方面的课程列为理工科研究生的必修课，也可列为有关专业本科生的选修课，所需学时不包括在本科生马列主义理论课教学时间内。文科研究生

① 教育部社会科学司组编：《普通思想政治理论课文献选编（1949～2008）》，中国人民大学出版社 2008 年版，第 86 页。

② 教育部社会科学司组编：《普通思想政治理论课文献选编（1949～2008）》，中国人民大学出版社 2008 年版，第 75～76 页。

是否开设则由各高校自行决定。[1] 同时，各高校在文科高年级开设西方现代哲学、经济学等研究和指导的课程，并积极组织各种学术讲座、专题报告、学术讨论会等。

1984 年，中共中央宣传部、教育部联合发出《关于加强和改进高等院校马列主义理论教育的若干规定》，规定文科四年制本科的教学时数一般占总学时的 20%左右，每门课最低不少于 105 学时；理、工、农、医四年制本科和艺术院校的表演等专业的教学时数占总学时的 10%左右，每门课最低不少于 70 学时；五年制和六年制本科则相应地增加学时。自习与课堂教学时间之比是 1∶1，并列入课程表。各高校根据实际情况积极组织力量编写新教材，并逐步开设西方现代哲学思潮、经济思潮、政治思潮、文艺思潮的评论讲座，以提高大学生的思想素质和鉴别能力。

在教学方法方面，马列主义理论课是大学生的必修课，课堂讲授是主要环节和基本形式，对课堂纪律和教学秩序的要求同其他专业课程一样。在教学方法上，一是加强理论联系实际，将马列主义基本原理与社会主义革命和社会主义建设的实际密切地联系在一起，与国内、国际环境联系在一起，教学中既要讲清基本原理，更要密切联系实际，深入浅出，贴近大学生生活，帮助他们加深对基本原理的理解和运用，努力解决学生思想上存在的问题。二是采用积极正面引导的方式，通过教学使大学生掌握马克思主义的立场、观点、方法，对于错误思想多采取讨论、正面引导的方法加以纠正，进行有理有据的批评，自觉地抵制错误的东西。三是处理好教与学的关系，注重教师课堂讲授作用，并将自学、课堂讨论或小组讨论列为必要的教学环节，启发学生独立思考、自我教育，采取启发、疏导、讨论的方法进行，使大学生能够有意识地磨炼自己的思想和意志，克服偏见和弱点，调动自我认识、自我教育的积极因素。四是正确运用考查、考试制度检验教学效果。为保证教学质量，严格执行考查、考试制度，注重检查学生对马列主义基本原理的理解和运用马列主义基本原理分析问题的能

① 参见教育部社会科学司组编：《普通思想政治理论课文献选编(1949～2008)》，中国人民大学出版社 2008 年版，第 91 页。

力。把马列主义理论课的学习成绩作为学生能否升级和毕业的重要依据之一。五是注重开辟社会教育课堂，组织大学生到部队、工厂、农村参观学习，从社会改革实践中得到启迪。运用参观、社会调查等新形式的教学手段进行辅助教育，有助于加深、巩固大学生对基本知识和基本原理的理解和掌握。

在学术研究与学科建设方面，1978 年教育部成立政治理论教育司，重建中央教育科学研究所，既有理论研究室，又有教学方法研究室、教育制度研究室等，统筹规划和协调高等学校思想政治理论课教育教学工作。各高校进一步加强马克思主义基本理论的研究，在教学为主的原则下安排科研经费，积极开展马列主义理论的科学研究工作，密切联系国际、国内的革命斗争和社会主义建设的实际，探讨新课题，对新中国成立以来各方面的成就和经验教训进行总结，对国际上各方面的思潮进行有分析的研究和批评，吸收其中有益的东西，大力提倡对我国社会主义现代化建设迫切需要解决的重大理论问题和实际问题的研究。各高校根据教育部的要求建立了马列主义理论教研室，统一组织教学和科研工作，并设置图书资料机构，配备必要的工作人员。在进行科学研究的同时，各马列主义理论教研室不断改进教学方法，提高教学质量和学术水平。

在师资队伍建设方面，马列主义理论课教师的职责是从事教学和科研工作，不断提高自身理论水平与业务能力，发扬党的优良传统和工作作风，联系当前实际问题，及时了解大学生的学习和思想情况，引导大学生积极学习，做学生的表率。提高教师队伍的政治与业务水平是提高教学质量的关键，这一时期的教师队伍整体上素质比较过硬，但数量不足，且年龄偏大。教育部从实际需要出发，根据教学需要相应增加编制，不断增加教师的数量。

1984 年，中共中央宣传部、教育部联合发出《关于加强和改进高等院校马列主义理论教育的若干规定》，要求马列主义理论课教师在保证完成教学任务的同时，积极开展科学研究工作，参加学术深造活动，以不断提高业务水平和教学质量。各高校马列主义理论教研室积极组织教师进行社会调查、出国考察、进修、举办学术研讨会等。各高校设定一定数量的专职科研编制，有条件的则成立马列主义理论教育研究室，科研经费列入学校预算并拨给专款。马列主义公共理论课教研室为系处级建制，配备专职工作人员，并设置资料室。经过努力，马列主义理论课教师的培养和进修逐步形成制度，评定职称既考察教学效果也要考察教师的科研成果。同时，改进计算教师工作量的制度，保证马列主义公共理论课教师的工作得到公正的评价及肯定。对广大教师采取尊重的态度、信任的态度和帮助的态度，充分发挥他们的作用，提高他们的社会地位和物质待遇，尽量减少教师兼职，改进工作方法，提高工作效率，保证教师的业务工作时间，把最大的精力投入科研中，从多个方面加强教师队伍的建设，改善他们的政治待遇、物质待遇和工作条件，并采取多种措施解决马列主义理论课教师的来源问题，努力建设一支具有战斗力的马列主义理论课教师队伍。各高校积极创造条件加强队伍建设，选拔一批中年骨干教师，积极创造条件优先培养其成为学术带头人。各省市、各高校采取措施培训马列主义理论课教师，改革教材，交流经验，提高教学质量与水平，逐渐恢复马列主义理论课的声誉。

2.1985～1992年：高校政治理论课改革、稳步发展时期

经过几年的努力，“两课”建设进入稳步发展时期。1985年，国家教委对政治理论课程教学进行改革，教学内容包括以中国革命史为中心的历史教育、马克思主义基本理论的教育，并有分析、有比较地介绍当代其他各种社会思潮、中国社会主义建设和改革的理论政策及实际知识的教育，适时地穿插各种切合大学生需求的时事教育、文学艺术教育和课外活动，激发大学生为社会主义伟大事业奋斗的献身精神。研究生阶段的政治理论教育在大学本科的基础上继续提高，并注意与专业学习适当地结合起来。

在课程设置方面，为保证教育任务的完成，高校政治理论课适当增加了课时，四年制本科文科类为350学时，理、工、农、医类为280学时，大学专科二年制文理科均为140学时，三年制均为210学时(其中不含时事政策学习和德育课程学时)。四年制本科继续开设“中国革命史”“中国社会主义建设”课程，各70学时。“马克思主义原理”课在原有基础上继续完善，定为140学时。文科类专业还开设“世界政治经济与国际关系”课，其他专业和学制根据各校具体情况作必要的调整。研究生的马克思主义理论课教学则在总结教学实践经验的基础上进一步充实、改进，国家教委及时组织修改和编写有关课程的教学大纲和教学用书。

在教学方法方面，改进教学方法是提高教学效果的重要途径，这一时期政治理论课改变注入式教学，实行启发式教学，引导大学生通过自己的学习和思考来提高认识，寻求问题的答案。课堂讲授是主要环节，小课堂教学有利于教师与学生相互了解，课堂讨论、课外辅导等形式有利于教师及时掌握教学情况和学生思想动态。同时，各高校通过适当组织大学生参加社会实践活动、组织必要的参观、利用假期进行社会调查等，使大学生在接触实际中接受教育，巩固所学理论知识。有条件的学校积极利用现代化教学手段，适当开展电教化教学。政治理论课教学严格执行考试制度，继续改进考试方法，改革考试制度，成绩结合学生的考试结果和平时的学习运用情况来判定。

在学术研究与学科建设方面，马克思主义理论课教材建设经过多年的努力取得了一定成绩，但也存在编写过于分散、质量不高的现象。根据国家教委的有关规定，对教材组织人力进行检查清理，继续总结经验，逐步完善。1985 年，开始对政治理论课程教学进行改革，提出编写几套适应社会主义现代化建设需要的高水平的新教材，这也是改革马克思主义理论课教学的中心环节。中央决定成立全国马克思主义理论课教材编审委员会，设置相应的办事机构，统筹规划课程设置、教材编辑及审定、参考资料的研究等工作。

在师资队伍建设方面，加强教师队伍建设，改善教师的政治待遇和工作条件，培养和建设一支有足够数量和较高政治业务素质的教师队伍，是加强和改进马克思主义理论课教学的根本保证，是社会主义现代化建设中的一项具有战略意义的任务。师资队伍是主要依靠和根本保证，需要具备马克思主义觉悟和理论修养，具备比较丰富的社会科学知识和必要的自然科学知识，热心于大学生思想政治教育工作，思想上与党中央保持高度一致，具有全心全意为社会主义教育事业服务的精神。在之前困难的条件下，这支教师队伍坚持马克思主义理论阵地，为培养社会主义事业接班人做出了重要贡献。但本阶段仍存在突出的问题，如教师数量不足，教师队伍年龄结构不合理，骨干教师、年轻教师比例偏低，整个队伍青黄不接，政治素质、业务素质参差不齐，教师队伍不够稳定且补充新师资困难等。为打造一支坚实可靠的师资队伍，各高校认真解决教师工作条件和生活待遇等方面遇到的实际问题，加速培养新生力量，切实解决年龄老化、数量严重不足的问题。马列教研室（部）是政治理论教学的直接组织和实施单位，为切实解决目前教师队伍数量不足、年龄老化的问题，各高校除从即将毕业的研究生、本科生中选拔一批品学兼优的学生担任教师外，着重从学校政工队伍中选拔一些政治思想坚定、业务基础较好的同志，通过进修第二学位或硕士学位来提高政治素质和业务水平，同时根据情况适当延长部分优秀教师的退休年限以保证整体授课质量。另外，通过多渠道、多种形式提高教师的政治和业务素质，如通过国家教委重点建设教师培训基地、中短期青年教师进修班、骨干教师培训班、高级研讨班、假期讲习班以及备课会、专题研讨会、教学观摩、教学评估、社会考察等形式来加强新师资的培养和现有教师队伍的培训。各级教育主管部门和高校的党政领导高度重视并切实加强对马克思主义理论教育工作的领导，关心马克思主义理论课教师的思想建设和业务建设，采取有效措施对理论课教师和理论课教学工作给予多方面的政策倾斜，保证教师编制齐全，提供科研经费保障，规范职务评聘，解决医疗、住房、子女等生活问题。教育部要求各高校指定具有马克思主义理论修养和懂得教育规律的党委书记或校长主管马克思主义理论教育工作。

在共产主义思想品德课方面，根据教育部的要求，高校一般每周安排一次对大学生进行思想政治教育的时间。为加强对大学生的思想政治教育，部分高校利用一部分时间开设了“共产主义思想品德”课，有计划地对大学生进行革命人生观教育、共产主义道德品质教育；同时，利用另一部分时间来进行形势任务和党的路线、方针、政策的教育，积累了初步的经验，取得了良好的效果。思想教育课程作为经常性思想政治教育的一个组成部分，包括形势政策教育课、思想品德课、专题讲座等，其设置与高校教学改革、思想政治教育改革及马克思主义理论教育改革联系起来，统筹规划，共同完成高校对大学生政治、思想、品德的教育培养。从 1982 年起，教育部在高校开设“共产主义思想品德”课，有条件的高校成立了共产主义思想品德教研室，这是加强和改善大学生思想政治教育的一项有效措施。共产主义思想品德课的任务是对大学生进行共产主义人生观和共产主义道德教育，帮助其解决有关人生、理想、道德等方面的问题，使大学生逐步树立共产主义人生观，培养共产主义道德品质。教学内容以国家教委制定的《共产主义思想品德教学大纲》(试用本)为依据，结合本校实际情况补充教学内容，不断完善教学大纲和教学参考资料。思想品德课纳入教学计划，一般在本科低年级开设两学年，与形势与政策教育一起，平均每周 2 学时，由各高校根据实际情况统筹安排。思想品德课的考核则结合不同学校、不同专业的具体情况，采取不同的方式进行试验。

思想品德课的教学原则与方法是坚持理论联系实际，为适合大学生的特点将课堂讲授与生动活泼的教育活动相结合，如阅读有教育意义的文学作品、放映优秀影片、组织参观访问等。同时，针对不同专业、不同年级特点开展教学，例如对一年级新生进行学习目的、热爱专业的教育，对毕业生进行革命理想、服从国家分配的教育，对全体学生进行一贯的职业道德教育，对民族地区学生进行民族政策教育等。共产主义思想品德课采取专题讨论、参观访问、社会调查等灵活多样的教学手段。思想品德课教师的配备注重质量，慎重选拔，以少数专职教师为骨干，与兼职教师相辅相成，要求相关教师具有较高的思想政治觉悟和马列主义理论素养，而且有从事大学生思想政治工作的实践经验和讲课能力。专职教师的编制为学生总人数在 5000 人以上的院校配备 7～9 人，资料员、办事员各 1 人；学生总人数在 2000 人以上、5000 人以下的院校配备专职教师不少于 5 人，资料员、办事员各 1 人；学生总人数在 2000 人以下的院校配备专职教师 3～5 人，资料员兼办事员 1 人。

1987 年 10 月，教育部对高校开设思想教育课程进行明确的规划，规定将思想教育课程列入教学计划。思想教育课程共设置 5 门课程，其中“形势与政策”“法律基础”两门为必修课，“大学生思想修养”(一年级实施)、“人生哲理”(二年级实施)、“职业道德”(三年级实施)3 门可因校制宜有选择地开设。“形势与政策”每学期均开设，时数各校自行安排，“法律基础”要求 30 学时。形势政策教育时间为每周 2 学时，一般院校 4 学年有效教学时间为 288 学时，各校开设思想教育课程的总学时不得超过 288 学时。思想教育课程由学校主管学生思想政治教育的部门和教务部门共同领导，由思想政治教育研究室组织实施。

（二）高校政治工作制度与队伍的建设与发展

加强高校思想政治工作必须建立和健全政工队伍，改革开放初期思想政治教育工作队伍在思想理论水平、知识结构、培训、职称待遇等方面存在不少问题，尤其是骨干老化、后继乏人的情况不能适应新历史时期高校思想政治工作的需要，加强队伍建设迫在眉睫。1984 年 11 月 13 日，中共中央宣传部、教育部发文要求加强思想政治工作队伍建设，一是思想政治工作队伍要求由专职和兼职相结合，动员和组织一些教师、高年级学生包括研究生兼职，从品学兼优的教师和学生中选拔有利于密切与群众的关系，有利于思想政治工作与业务工作相结合，也使这些师生得到锻炼。二是对思想政治工作人员政治素质和知识水平提出了明确的要求，包括具备坚定的共产主义信念、较高的理论修养和政策水平、一定的知识储备以及从事思想政治工作所必需的能力等，做到为人师表，既育才又育人，不仅向大学生传授知识，更要通过言传身教、潜移默化培养大学生的优良品德和提高大学生的思想觉悟。三是对思想政治工作人员的来源和发展方向作了明确规定。四是对思想政治工作人员有计划地进行培训，提高他们的思想政治理论水平和业务水平。五是妥善解决、落实思想政治工作人员的待遇问题，并大力表彰优秀的思想政治工作人员，增强他们的责任感和荣誉感。从事学生思想政治教育实际工作的教师，兼任马克思主义理论或形势政策教育、法律基础、思想品德教育等思想政治教育方面课程的教师。从事相关方面研究工作的现任党政干部和共青团干部，依据《高校教师职务试行条例》的规定可以担任相应的教师职务。研究生、高年级大学生在学习期间兼做学生思想政治工作的时间一般为两年，已被推荐免试为硕士研究生的本科毕业生，留校从事学生思想政治工作，可在职攻读硕士学位，学习年限延长 1～2 年。

高校党委加强对学生思想政治工作的领导，将行政、共青团、学生会、工会等各方面的力量统一组织起来共同做好教育工作。校系两级都设有一名副书记主管学生的思想政治工作，各高校根据具体情况设立学生思想政治工作机构，如学生工作部或青年工作部等。为加强思想政治教育工作，各高校在一、二年级设政治辅导员或班主任，从专职的党政干部、政治理论课教师和其他青年教师中挑选有一定政治工作经验的人担任。政治辅导员要热爱学生、关怀学生，对大学生德、智、体全面发展负有重要责任，辅导员和班主任既要做学生思想政治工作，又要坚持业务学习，有条件的坚持半脱产担任一部分教学任务，可以适当轮换。

共青团工作是高校教育的一个重要组成部分，加强共青团的建设需要把先进性摆在首位，引导青年信任党、拥护党的领导，把广大青年团结在党的周围，把群众性与先进性统一起来，寓思想政治教育于青年学生喜爱的各种活动中，努力提高团员青年的先进性。这一时期高校不断加强共青团的工作与建设，高校党委关心、支持共青团的活动，定期研究共青团的工作，团干部享有和其他学生政工干部一样的政治、物质待遇。团支部根据学生人数进行配备，在校学生 4000 人以下的学校，校团委一般配备专职团干部 3 至 7 人，4000 人以上的学校酌情增加，系团总支一般配备专职团干部1 人。建设一支又红又专的团干部队伍是团组织建设的重要任务，各高校团委采取有效措施保证团干部相对稳定，并认真做好团干部的培训。高校各级共青团组织要教育团员青年积极完成学习任务，模范遵守学习纪律和各项规章制度，并按要求认真做好调查研究，经常向党组织请示、汇报工作，针对大学生的实际进行深入细致的思想工作，帮助学校党委和行政部门开展思想政治教育，努力当好党的助手。学生会是代表大学生利益的群众性组织，是学校联系学生的纽带，在高校各级团委直接领导下努力发挥党联系广大大学生的桥梁纽带作用，一方面在维护国家利益和人民利益的同时维护大学生的利益，为大学生办实事办好事；另一方面团结全体同学，适应大学生特点开展课余文化、体育和公益活动，带领大学生学习先进模范，创建文明班级与校园，树立良好的班风、校风，带领大学生丰富科学文化知识，增长聪明才智，保持身心健康，不断打开思想政治教育新的工作局面。

在研究生的教育培养过程中，各高校注重加强思想政治考核，坚持政治、业务并重，充分发挥研究生导师教书育人的作用，加强研究生党支部建设，健全研究生思想政治工作的机构，根据上级要求，有 100 名以上研究生的系，至少设 1 名专职人员和 1 名兼职人员负责研究生思想政治工作。

（三）生产劳动与社会实践教育

"培养理论与实际相结合、学用一致、全面发展的新人的根本途径，是逐步消灭脑力劳动和体力劳动差别的重要措施。"[①]当代青年思想敏锐，求知欲强，文化科学知识比较丰富，他们当中的绝大多数热爱社会主义祖国，拥护共产党的领导，愿意学习马列主义和毛泽东思想，坚决拥护和支持改革。但他们也有不可避免的弱点，主要是脱离实际，缺乏实践的锻炼。大学生的主要任务是学习，但绝不只是埋头读书，不关心国家大事。完成学业任务之后，必须投身祖国建设的实践，到基层与工农群众相结合，接受锻炼和考验后才能成长为有用之才。我们的教育事业必须同国民经济发展的要求相适应，要求在教育与生产劳动相结合的内容及方法方面不断有新的发展，参加社会实践是培养人才的根本途径，实事求是，一切从实际出发，理论联系实际，是马克思主义的学风。为培养社会主义建设需要的合格人才，各高校认真研究在新的历史条件下如何更好地贯彻教育与生产劳动相结合的方针，在教学中正确贯彻理论联系实际的原则，克服轻视理论、轻视书本知识的错误观点，继续实行刘少奇提出的"两种教育制度、两种劳动制度"，采取多种形式办学，一面学习，一面生产。组织大学生参加一定时间的生产劳动，是实现社会主义大学培养目标不可缺少的重要环节，也是对学生进行思想政治教育的重要途径。一方面，大学生参加校内外的工业劳动、农业劳动和公益劳动，既能减轻国家、集体和学生家庭的负担，又能培养脑力劳动与体力劳动相结合的全面发展的一代新人。另一方面，通过生产劳动以及实验、实习、社会调查、社会活动等，能够使大学生获得必要的直接知识和实际锻炼。各高校考虑不同专业的特点，以对口劳动为主，组织大学生参加生产劳动，根据实际情况来设定劳动强度，以免体力劳动较多影响大学生学习。劳动时间则根据实际情况分散或集中分配，一般平均每年半个月至一个月。高校根据专业的需要和可行的条件开办小型工厂，或与校外的工厂、农场建立固定的

---

① 教育部社会科学司组编：《普通思想政治理论课文献选编（1949～2008）》，中国人民大学出版社 2008 年版，第 68 页。

拓展劳动场所。高校开办的工厂有两类:一是实习和实验性工厂,二是少数有条件的学校结合专业所开办的生产性的工厂。在实践中注意保护劳动者的安全,严禁把生产劳动作为惩罚手段。

各高校积极引导大学生参加社会实践,采取不同的内容和方法进行组织,将业务实习、军事训练、公益劳动、生产劳动等纳入教学计划,鼓励大学生在假期进行各种有益的社会实践活动,以便更多地了解国情,了解社会主义建设和改革的实际,了解人民群众的思想感情,树立为建设祖国而献身的信念。理论与实际相结合、脑力劳动与体力劳动相结合、知识分子与人民群众相结合才是大学生成长成才的唯一正确道路。各高校注重加强实践过程的思想政治工作,认真选择一些单位作为固定基地,不拘泥于地域,动员教师积极参加社会实践,指导大学生接受基层工作的实际锻炼,鼓励大学生进行顶岗实习,积极参加生产劳动,自觉地培养师生与劳动人民的思想感情,增进对国情的了解,丰富实际知识,增强社会责任感,在实践中锻炼成长,培养师生运用马克思主义表达立场、观点,分析和解决问题的能力。大学生参加校内外生产劳动,由所在系派出优秀的干部或教师负责组织和指导,并对大学生生产劳动进行考核,成绩写入档案,教师指导学生劳动也列入教师的教学成绩。

(四)其他三种生动有效的教育方式

1.国防军事教育

为使大学生进一步明确只有社会主义才能救中国的道理,激发大学生为振兴中华学习知识、建设祖国、献身国防的光荣感、责任感,提高参加军事训练和依法服兵役的自觉性,1981 年 12 月 31 日,教育部和中国人民解放军总参谋部、总政治部联合发文,将高校学生的军事训练纳入教学计划,训练一般在本科一、二年级学生中进行,时间不少于两周,通过军事训练使大学生树立爱国主义思想和保卫祖国的理念,增强组织性和纪律性,同时掌握一般的军事知识和技术,初步了解现代战争的基本特点,随时准备响应国家号召打击侵略者。军事训练是大学生履行兵役义务、接受国防教育的基本形式,从 1985 年 9 月起,在全国近 50 所高等院校进行试点，省级教育部门设立相关机构并配备 2～3 名工作人员，各设直属军事教研室，并按 1∶300 配备军事教员，军事教辅人员与军事教员之比为 1∶7。军事教学总时间为 120～130 学时。[①] 军训的形式有到部队训练或学校采取集中与分散相结合的办法进行。军事训练作为大学生的一门重要必修课被纳入学校教学计划，学生参训期间的表现和军训成绩记入本人档案。从 1987 年起，试点高校的军训时间由 10～13 周调整为 7～8 周，其中集中训练时间为 5 周，分散训练为 2～3 周。1988 年，军训时间调整为 8 周，其中集中训练时间为 5 周，分散训练为 3 周。通过严格的军事训练和强有力的思想政治工作，提高大学生的思想道德素质和军事素质，为培养社会主义建设事业所需要的合格人才打下了良好的基础。

2.体育与卫生教育工作

学生体质及健康水平是全面衡量教育质量的重要标志之一。提高大学生的健康水平、提高大学生抵抗疾病与适应环境变化的能力、促进大学生全面发展是高校重要的教育任务。1953 年 6 月 30 日，毛泽东在接见共青团二大主席团成员时，祝贺青年身体好、学习好、工作好。这是“三好”最早的提出，并很快被收入教育方针。1955 年，教育部公布的《小学生守则》和《中学生守则》的第一条，都提到“努力做个好学生，做到身体好，功课好，品行好”。1982 年 5 月 5 日，教育部、共青团中央联合发出通知，公布《关于在中学生中评选三好学生的试行办法》，其中规定“三好学生”的标准是思想品德好、学习好、身体好。

加强学校体育、卫生工作迫在眉睫，既要抓普及，也要抓提高。体育、卫生教育作为向大学生进行共产主义教育的一个重要手段，有助于培养大学生的组织纪律性、勇敢顽强的意志与集体主义精神，树立移风易俗、改造国家的理想。加强体育、卫生方面的工作包括开展全国学生体质、健康状况调查研究，加强体育师资和卫生保健人员队伍建设，进行体育课教学改革和健康教育试验，实施新的《国家体育锻炼标准》，试验并推行《学

① 参见何东昌主编：《中华人民共和国重要教育文献（1949～1975）》，海南出版社 1998 年版，第 2253 页。

生体育合格标准》，加强学校课余体育训练工作，开展学校体育、卫生的科学研究和学术交流等。学校体育无论在提高大学生身体素质方面，还是在培养德、智、体全面发展的合格人才方面，都有特定的任务和地位，是不容忽视和代替的。高校加强体育课教学，使大学生学习必要的知识和技能，掌握锻炼身体的科学方法，有助于增强体质、以利于学习。毛泽东提出的“三好”中第一好就是身体好，要求学生加强体育锻炼，提高身体素质，培养坚强的意志，养成良好的卫生习惯，注意劳逸结合，保证充足的睡眠，促进身心健康。同时，各高校将体育工作与卫生工作相结合，改善教学卫生、环境卫生与饮食卫生，培养大学生良好的卫生习惯，预防、减少疾病，不断增强师生体质，提高健康水平，保证其能够健康地为祖国工作，更好地为人民服务。各高校设立了主管体育、卫生工作的专门机构，配备了专职干部，体育、卫生工作已经列入学校工作的议事日程。国家教育委员会多次发布并实施新版《国家体育锻炼标准》，1990 年研究制订了《大学生体育合格标准》《大学生体育合格标准实施办法》等，发布了《学校体育工作条例》《学校卫生工作条例》，从制度上保证学校体育工作、卫生工作的正常开展。《学校体育工作条例》指出，学校体育工作应当坚持普及与提高相结合、体育锻炼与安全卫生相结合，以促进学生身心健康、增强学生体质为基本任务，积极推行国家体育锻炼标准，按照规定组织实施体育课教学活动，根据实际情况积极开展课外体育活动与课余体育训练。国家教育委员会从 1991 年起对高校体育课程开展评估，增强体育教育改革意识和质量意识，推动体育课程建设向规范化、制度化方向发展。在国家教育委员会的推动下，各高校积极推动体育教育工作的顺利开展，加强体育教师队伍建设，保障体育场地、器材、设备和经费的配备与供应。同时，建立、健全大学生“体质、健康卡片”制度，对他们的体质、健康情况进行调查研究和监测，进一步推动科学方法和手段的研究与试验，达到有效增强学生体质和提高健康水平的目的。学校业余体育训练、课余体育活动是学校体育的组成部分，也是学校教育的一项内容，各高校在全面贯彻教育方针的前提下，按照体育运动训练原则，系统、科学地开展体育运动训练，推动群众性体育运动进一步开展，增强全体大学生的体质，提高学校体育运动技术水平。从1986年起，在全国各级学校广泛开展“中国传统体育保健”的教学和科研，对于学生的智力开发、体质增强和运动成绩的提高都产生了积极的影响，进一步推动学校体育工作的开展。

红十字青少年组织是红十字会的重要组成部分，是学校全面贯彻教育方针，培养“四有”人才的得力助手。自1987年成都会议以来，红十字青少年组织有了很大发展，是学校卫生保健和思想品德教育工作的得力助手。红十字青少年组织有领导、有计划地开展工作，以人道主义的精神，针对青少年不同的心理、生理特点开展丰富多彩的活动。与学校的理想教育、爱国主义教育、国际主义教育相结合，教育学生养成良好的卫生习惯。普及卫生救护知识，增强学生救死扶伤、助人为乐、无私奉献的意识和社会服务观念。这对提高学生的身体素质和政治思想素质十分有益，在促进社会主义精神文明建设和培养德、智、体全面发展的“四有”人才方面发挥了重要作用。

3.艺术教育工作

新中国成立以来，全国的理论工作者、文艺工作者、新闻工作者和相关单位做了大量工作，举办了许多有益于身心健康、扩展知识面的文娱、体育、科技活动，好的读物、电影、戏剧、歌曲等对大学生起到巨大的鼓舞、教育作用。艺术教育是实施美育的主要途径，是人的全面发展教育不可缺少的重要组成部分，是提高新一代大学生素质必不可少的教育手段。艺术教育具有独特的功能，通过美的形象和形式，潜移默化地陶冶大学生的道德情操，丰富情感世界，发展想象力和创造性思维。国家教委成立了艺术教育委员会，要求普通高校可采取开设艺术选修课、开展课外艺术活动等多种形式普及艺术教育，扩大大学生艺术视野，提高审美情趣。1989年11月，国家教委发布了《全国学校艺术教育总体规划(1989～2000年)》，提出高校艺术教育这一阶段的发展目标是普遍增设艺术选修课，全面开展艺术教育，建立健全艺术教育管理机构，制订和完善有关规章制度，积极开展科学研究，加快学校艺术教育师资队伍建设，为建设具有中国特色和时代精神的社会主义学术艺术教育体系打好基础。

三、改革开放初期高校理想教育的特点

(一)实事求是,追求真理,贯彻党的教育方针

这一时期的大学生具有明显的时代特征,部分大学生思想上的问题比较多,高校的思想政治工作仍比较薄弱,这种状况与改革开放初期总任务的要求不适应,必须采取有效措施加以改变。总的来看,大学生思想主流是积极向上的,他们坚决拥护党的十一届三中全会精神,拥护社会主义制度,拥护党的领导;他们思想解放,善于思考问题,容易接受新鲜事物,勇于创新,绝大多数大学生珍惜上大学的机会,学习科学文化知识的热情很高,这是青年的优点。但在新旧体制交替的过程中,在对外开放的过程中,社会上的各种思想矛盾、世界上各种复杂的思潮必然会对大学生产生影响。现实生活中残存的封建主义、资产阶级和小资产阶级思想的腐蚀,也对大学生的思想进步带来危害,大学生对马克思主义基本理论的掌握还不够,学习不够深入,对党的历史和革命的优良传统了解不多,对社会主义优越性没有实际的体会。因此,部分大学生会以偏概全、夸大现实社会的阴暗面;有些大学生受到资产阶级自由化思潮的影响,向往资本主义社会的"自由民主"和生活方式,缺乏革命理想,组织纪律性差。改革开放初期,如何有效地针对青年的特点进行思想政治教育工作、增强青年理想信念是一个新的课题,也是一项重要而迫切的任务。各高校按照解放思想、实事求是、团结一致向前看的精神,对大学生进行四项基本原则教育、革命理想教育和共产主义道德品质教育,不断提高教育质量。1978 年,邓小平发表重要讲话,明确提出实事求是是毛泽东思想的出发点、根本点,指出实践是检验真理的唯一标准。真理标准大讨论在全国范围内、在广大基层轰轰烈烈地开展,为我们党在改革开放中坚持和发展中国特色社会主义道路、形成中国特色社会主义理论体系提供了强大精神动力。

(二)为社会主义现代化建设服务,具有鲜明的时代特征

这一时期高校理想教育依然贯彻执行毛泽东"教育必须为无产阶级

政治服务，必须同生产劳动相结合”[①]“使受教育者在德育、智育、体育几方面都得到发展，成为有社会主义觉悟的有文化的劳动者”[②]的教育方针，内容与形式都根据形势的变化增添了很多新意，具有鲜明的时代特征。

党的十一届三中全会以来，我国社会主义革命和建设进入了新的历史时期，重新确立了实事求是的思想路线，把全党工作的重点转移到社会主义现代化建设上来。党和国家清醒地认识到为实现新时期的总任务、建设社会主义现代化强国，必须极大地提高整个中华民族的科学文化水平，必须造就一支强有力的工人阶级的知识分子队伍。李鹏指出，实现现代化，一靠科学，二靠教育，科学的基础是教育。[③] 尽快提高教育质量，发展教育事业，加速培养德、智、体、美全面发展的有社会主义觉悟的劳动者，是历史赋予的光荣而又艰巨的任务。党和国家清醒地认识到人才培养要走在经济建设前面，加快发展科学教育，大力培养建设人才是很紧迫的任务。在整个教育工作中，高校有着特别重要的地位，是国家文化和科学水平的重要标志，承担着培养专门人才、发展科学技术的双重任务。党的十一届三中全会以来，中国的教育方针概括起来有三点：一是“教育要面向现代化、面向世界、面向未来”；二是强调德、智、体、美等全面发展；三是“教育必须为社会主义建设服务，社会主义建设必须依靠教育”。[④] 把教育放在优先发展的战略地位，教育在社会主义精神文明建设和物质文明建设中的作用日益受到重视，这是推动教育事业发展和改革的重要保证。

1983 年 10 月，根据新的历史时期和国内外客观形势发展的要求，邓小平从教育发展的战略高度为北京景山学校题词：“教育要面向现代化，面向世界，面向未来。”“三个面向”的内涵是指整个教育事业的发展必须

① 中共中央文献研究室编：《建国以来重要文献选编》第 19 册，中央文献出版社 1998 年版，第 68 页。

② 《毛泽东文集》第 7 卷，人民出版社 1999 年版，第 226 页。

③ 参见何东昌主编：《中华人民共和国重要教育文献（1949～1975）》，海南出版社 1998 年版，第 2902 页。

④ 参见国家教育委员会政策法规司编：《十一届三中全会以来重要教育文献选编》，教育科学出版社 1992 年版，第 404～407 页。

同国民经济建设的要求相适应，经济起飞，教育必须先行。要向别的国家学习，吸收先进技术和经验，超越世界先进水平。培养人才的周期比科技开发和经济活动的周期要长，要以长远的、历史的战略眼光办好当前的教育，形成尊重知识、尊重人才、尊师重教的社会风气，形成社会主义的良好风尚。党的十三届七中全会提出新时期教育发展的战略任务是全面贯彻“教育必须为社会主义现代化服务，必须同生产劳动相结合，培养德、智、体全面发展的建设者和接班人”的教育方针[①]，并保证把德育放在首位，紧紧围绕“四化”建设和各项改革，帮助学生正确分析形势，了解党的各项方针、政策，明辨是非，自觉抵制各种错误的思潮，将思想和行动引导到建设有中国特色社会主义事业这个总目标上来。

科学技术的进步和管理水平的提高需要提高人的素质，从根本上改变生产力落后的面貌必须重视人的发展。强调提高劳动者的素质，强调重视教育，理由就在于其对发展生产力具有极大的推动作用。党的十三大报告中谈到我国经济发展的第二步战略任务时提出，要把发展科学技术和教育事业放在首要位置，使经济建设转到依靠科技进步、提高劳动者素质的轨道上来。推动教育在经济发展战略中首要位置的落实是教育改革与发展的重要内容。1988 年 9 月，邓小平提出了“科学技术是第一生产力”的著名论断。党中央提出“经济建设必须依靠科学技术，科学技术工作必须面向经济建设”的战略方针，进一步统一了思想。在社会主义经济建设的整个过程中，党中央提出坚持把教育放在优先发展的战略地位，把经济建设转移到依靠科技进步和提高劳动者素质轨道上来的战略思想，是我党在经济建设指导思想上的一个重要发展，是对我国经济建设正反两方面经验的科学总结，是发展教育事业坚定不移的方针。教育事业的发展受经济发展的制约，又是经济建设和社会发展的基础，在处理教育与经济的关系时，要遵循教育与经济协调发展并适当超前的原则。

---

① 参见王绍海、颜震华主编:《面向 21 世纪——深化高教改革》，吉林大学出版社 1993 年版，第 11 页。

(三)教育内容深刻生动，教育形式丰富多样

高校理想教育在这一时期主要面临两个挑战:一是国际新技术革命的挑战，二是国际反动势力推行“和平演变”的挑战。从国内看，教育事业要为21世纪初的现代化建设提供必要的人才和智力支持，从反“和平演变”的战略高度出发，坚持巩固社会主义制度，培养可靠的接班人。在这样的背景下，党中央不断加强精神文明建设，端正党风，改善社会风气，为在新的历史条件下加强和改进思想政治工作和德育工作、加强高校理想教育创造条件。在教育方式上，摒弃简单粗暴的做法，根据大学生的思想特点和生活实际，为全体师生打造高度文明和民主的政治环境和学术空气，对思想认识上的问题不采取简单的压服或禁锢的方法，而是鼓励大学生思考和探索，深入了解、分析大学生的思想状况，理性认识优点与不足，平等待人，以诚相见，以理服人，以情动人，既对大学生严格要求，更积极对其进行心理疏导。同时，注重将思想政治教育与业务教学工作结合起来，加强教师的教育与培养，增强教师的职业责任感。广大教师身先士卒、以身作则，为大学生做好榜样，发扬献身精神，以实际行动赢得他们的信任和尊重。为增强教育效果，各高校积极开展并持续加强体育教学和艺术教育工作，通过健康有益、丰富多彩的学术、文化、体育活动，把思想政治教育渗透到大学生学习、生活的各个方面。体育教育增强了大学生的体育意识，达到了增强体魄、锻炼意志品格的目的，而参加艺术学习与各种艺术活动则陶冶了大学生的道德情操，提高了大学生的审美能力。

改革开放初期的高校理想教育除了继承和发扬延安精神、解放初期的创业精神和雷锋精神外，其内容也更加生动、具体、丰富，有很强的思想性，也更加通俗易懂，贴近社会生活。例如，共青团中央提出“五讲四美三热爱”的口号，在全国广泛开展语言、仪表、行为的审美教育活动，成为社会生活中一个公认的指导原则，从倡导最基本的道德行为规范做起，动员群众与学生相互激励、相互约束，为建设社会主义新型的社会关系而努力。这一时期继续开展“学雷锋、树新风、创三好”等教育活动，学习雷锋爱憎分明、言行一致、公而忘私、艰苦奋斗、助人为乐的革命精神成为一种

风尚。同时，也涌现出一大批优秀的学习模范与榜样，“八十年代新雷锋”“当代保尔”张海迪是身残志坚的好典范，她面对病魔不沉沦、不沮丧，克服了重重困难，经受住了严峻的考验，刻苦学习，乐观向上，勤学本领并积极帮助他人。“到祖国最需要的地方去”等响亮而生动的口号指引着80年代的大学生响应党的号召，奔赴祖国的四面八方，到条件艰苦的山村、边疆建设国家，到更需要青年学子发挥聪明才智的落后和艰苦的地方去，为国家建设贡献力量。全国上下开展的“学雷锋，树新风”“把知识献给人民”等活动，针对性强，内涵深刻而又朴实，同一切腐朽、卑劣甚至反动的意识、行为以及形形色色的歪风邪气作斗争，取得了良好的效果。

第四章　改革开放和现代化建设新时期高校理想教育

改革开放和现代化建设新时期，现代科学技术飞速发展，世界局势发生了深刻的变化，新的发展机遇也给高校理想教育工作带来严峻的挑战。作为社会主义精神文明建设的重要组成部分，高校理想教育注重质量发展与内涵提升，综合运用教育、管理与舆论等手段，加强中国特色社会主义共同理想的教育，深化大学生爱国主义、集体主义和社会主义思想教育，培养良好的品德和行为习惯，培育健康的心理素质，注重网络建设，注重提高内涵质量，高校理想教育有了巨大发展。

一、改革开放和现代化建设新时期高校理想教育的主要内容

党的十四大报告明确提出："必须把教育摆在优先发展的战略地位，努力提高全民族的思想道德和科学文化水平，这是实现我国现代化的大计。"[①]1993 年 2 月 13 日，中共中央、国务院发布《中国教育改革和发展纲要》，指出我国教育在总体上还比较落后，不能适应加快改革开放和现代化建设的需要，学校思想政治工作还需要进一步加强和改进，新形势下教育工作的任务是："遵循党的十四大精神，以建设有中国特色的社会主义

① 中共中央文献研究室编：《十四大以来重要文献选编》(上)，人民出版社 1996 年版，第 25 页。

理论为指导,坚持党的基本路线,全面贯彻教育方针,面向现代化,面向世界,面向未来,加快教育的改革和发展,进一步提高劳动者素质,培养大批人才,建立适应社会主义市场经济体制和政治、科技体制改革需要的教育体制,更好地为社会主义现代化建设服务。"[1]高等教育担负着培养高级专门人才、发展科学技术文化和促进现代化建设的重大任务。新的情况和问题对高校的思想政治工作提出了更高的要求,大学生的思想道德和科学文化素质直接关系到社会主义现代化建设能否实现,因此必须重视德育工作,德育即思想、政治和品德教育,体现教育的社会性与阶级性,是学校教育的重要组成部分。1994 年 8 月 31 日发布的《中共中央关于进一步加强和改进学校德育工作的若干意见》指出,为适应改革开放和社会主义现代化建设的要求,学校德育教育要坚持加强马列主义、毛泽东思想特别是邓小平建设有中国特色社会主义理论的教育和党的基本路线教育,加强爱国主义、集体主义、社会主义思想教育。高校德育教育即思想政治、品德教育,根本任务是用马列主义、毛泽东思想和建设有中国特色社会主义理论教育大学生,把坚定正确的政治方向放在首位,培养有理想、有道德、有文化、有纪律的社会主义新人。1995 年 11 月 23 日,国家教委发布《中国普通高校德育大纲》,对高校德育工作做了系统阐述,是推进高校德育教育的指导性文件。各高校把坚持坚定正确的政治方向放在学校工作的首位,建立、完善校长及行政系统为主实施的德育管理体制,加强高校思想政治工作队伍建设,使高校在社会主义精神文明建设中发挥重要作用,维护生动活泼、安定团结的政治局面。

(一)加强中国特色社会主义共同理想的教育

这一时期理想教育坚持正面教育为主,以中国特色社会主义共同理想为基础,以共产主义远大理想为目标,帮助大学生牢固树立献身祖国社会主义现代化建设伟大事业的崇高理想和坚定信念。加强中国特色社会主义共同理想的教育首要的是全面贯彻国家的教育方针,坚持用中国特

---

① 何东昌主编:《中华人民共和国重要教育文献(1949～1975)》,海南出版社 1998 年版,第 3467 页。

色社会主义理论武装全校师生员工,加强党的基本路线教育及爱国主义、集体主义和社会主义的教育,引导大学生树立科学的世界观和为人民服务的人生观,不断提高自身思想政治素质,增强把握全局和解决实际问题的能力。一方面,始终坚持辩证唯物主义与历史唯物主义教育的方法论加强思想建设,帮助大学生正确认识社会发展规律,正确认识国家的命运和前途,澄清在社会主义问题上的错误观点和模糊认识,正确认识社会上存在的各种消极现象,培养辨别是非善恶的能力。另一方面,坚持社会主义方向是核心内容,加强爱国主义、集体主义和社会主义思想教育,进行中国近代史、现代史教育和国情教育,重视对大学生进行中国优秀文化、传统文化教育,引导大学生增强民族自尊心、自信心、自强精神。通过教育培养大学生的共产主义觉悟,引导他们树立崇高的理想信念和科学高尚的人生观、价值观,尤其要加强以集体主义为核心的价值观教育,教育大学生正确处理个人利益、集体利益、国家利益三者之间的关系,发扬对国家和人民的奉献精神,自觉坚持个人利益服从集体利益、局部利益服从整体利益,将个人利益的实现融入集体利益和国家利益之中,成就社会主义现代化建设的伟业。

(二)加强以爱国主义为重点的社会主义道德教育

这一时期社会主义道德建设以为人民服务为核心,以集体主义为原则,以爱祖国、爱人民、爱劳动、爱科学、爱社会主义为基本要求。高校理想教育提倡以国家利益为重,以人民利益为重,对社会负责,对人民负责,反对损公肥私、损人利己。对大学生开展中华民族优良道德传统的教育,把中华民族优良道德传统与社会主义建设实践中形成的新道德典范结合起来,吸收其他国家的先进文明成果,提出具有中华民族特色、体现时代精神的价值标准和道德规范。教育中鼓励支持一切有利于解放、发展社会生产力的思想道德,一切有利于国家统一、民族团结、社会进步的思想道德,一切有利于追求“真善美”、抵制“假恶丑”、弘扬正气的思想道德。教育大学生发扬勇于奋进、励精图治、知难而进、自强不息的精神;发扬艰苦创业、勤俭节约的优良传统,反对铺张浪费;发展平等、团结、友爱、互助、和谐的人际关系;增强献身科教、服务社会的历史使命感和社会责任感，加强诚信与守纪教育，使大学生成为良好学术风气的维护者与严谨治学的力行者、优良学术道德的传承者，成为弘扬社会正气、传播文明新风的先锋。

爱国主义教育是精神文明建设的一个重要内容，贯穿社会主义现代化建设的整个过程。1994 年 8 月 23 日，中共中央印发《爱国主义教育实施纲要》，指出爱国主义是动员、鼓舞中国人民团结奋斗的旗帜，是全国各族人民共同的精神支柱，是推动我国社会历史前进的巨大力量。爱国主义教育的重点是青少年，学校是对青少年进行教育的重要场所。爱国主义教育必须以邓小平建设有中国特色社会主义理论和党的基本路线为指导，目标是振奋民族精神，增强民族凝聚力，树立民族自尊心和自豪感，把人民的爱国热情引导和凝聚到祖国统一和建设有中国特色的社会主义伟大事业上来。高校开展国情教育以形势教育为重点，既讲取得的成就，也讲面临的困难和解决的办法，帮助大学生系统了解我国经济、政治、军事、社会等方面的历史与现状，看到我国与世界其他国家之间的优势和差距，增强使命感和社会责任感，更好地发扬艰苦奋斗的创业精神，增强民族自尊心、自信心和自豪感，激励大学生发奋图强，为振兴中华而努力学习。

爱国主义教育的首要任务是教育大学生继承中国革命传统和中华民族优秀文化传统，正确吸收人类的科学文化成果，学会识别"真、善、美"和"假、恶、丑"，在大学生中进一步发扬以热爱祖国、贡献全部力量建设祖国为最大光荣，以损害祖国利益和尊严为最大耻辱的良好风尚，锻炼意志品格，发扬浩然正气，保持民族气节，自觉维护国家尊严和民族利益，把爱国主义热忱转化为努力学习、振兴中华的强大动力。社会主义的道德则是把我国的优秀文化和传统美德集中起来，与党的革命传统相结合，赋予其新的时代内容，形成社会主义精神文明中具有中国特色的价值观、道德观和行为准则，为反对、抵制拜金主义、个人主义和享乐主义等消极腐朽思想提供强大的精神动力和思想保障。这一时期理想教育以社会主义道德规范为要求，在大学生中广泛开展爱祖国、爱人民、爱劳动、爱科学、爱社会主义教育，帮助大学生树立高尚的道德情操、良好的道德品质，加强大学生基础道德修养和法制教育，强化社会公德意识、法律意识和法制观念，形成讲理想、讲奉献、讲责任、讲道德、讲文明、勤奋学习、遵纪守法、勤俭节约、艰苦奋斗的良好风气。爱国主义教育的形式具有多层次、多渠道的特点，包括通过播放优秀影视片帮助大学生了解历史，认识国情，开阔视野，提高审美，弘扬民族文化优良传统，激发爱国主义情感和志向，逐步树立正确的理想、信念和价值观。在校园积极开展适合大学生特点的健康而丰富多彩的校园文化活动，同时运用多种形式大力弘扬爱国主义精神。

（三）勤奋学习，培养良好的品德和行为习惯，培育健康的心理素质

在实现社会主义现代化战略目标的关键时期，我国的社会情况发生了复杂且深刻的变化，对高校的人才培养提出了更高的要求，全面发展的大学生要具备良好的思想道德素质、文化素质、专业素质、身体素质和心理素质。对大学生的培养，要不断提高其政治思想水平，增强为人民服务、艰苦奋斗的精神，培养其求真务实、勇于创新、严谨自律的治学态度和学术精神。强调勤奋学习、努力掌握科学文化知识是他们最主要的任务。加强对大学生进行民主和法制教育，尤其是宪法的教育，增强国家观念和主人翁责任感。随着社会主义现代化建设稳步推进，社会安定团结局面的不断巩固，大学生的心理健康状况越来越引起全社会的关注，一名心理健康的大学生应具备良好的个性心理品质和自尊、自爱、自律、自强的优良品格以及较强的心理调适能力。加强心理健康教育是高校德育工作的重要组成部分，是促进大学生全面发展的重要途径和手段。这一时期高校注重开展劳动技能教育和心理健康教育，把心理健康教育纳入德育工作体系，成立心理健康教育、心理辅导或咨询的专门工作机构，并开展相应的教学科研和实践活动。一方面，向大学生宣传普及心理健康知识，介绍增进心理健康的途径，传授心理调适的方法，帮助大学生树立心理健康意识，自觉培养坚韧不拔的意志品质，提高承受和应对挫折的能力；另一方面，积极开展心理咨询工作，将课堂教学、课外教育指导与学生日常管理工作相结合，准确把握大学生身心发展的特点，科学分析他们在学习、生活、社交活动中遇到的实际问题以及在思想、心理上的反映，通过个别咨询、团体辅导活动、书信咨询、电话咨询、网络咨询等多种形式，有针对

性地积极开展心理健康咨询和心理指导，给有心理困惑、心理障碍的大学生以及时和必要的帮助，培养大学生健全的人格和健康的心态，帮助大学生处理好自我管理、学习成才、环境适应、人际交往、求职择业和情绪调节等方面的问题，不断提高大学生的心理健康水平，增强其承受挫折、适应环境的能力，提倡科学、文明、健康的生活方式，弘扬社会正气，传播文明新风，形成良好的社会风尚，促进德、智、体、美等全面发展。

二、改革开放和现代化建设新时期高校理想教育的途径

（一）“两课”建设与发展

对大学生进行系统的马克思主义基本理论教育和思想品德教育，是社会主义大学的本质特征之一，为培养德、智、体、美等方面全面发展的社会主义事业的建设者和接班人，“两课”发挥了不可替代的功能和重要作用。高校坚持正确的人才培养方向，通过深化马克思主义理论课与思想品德课的改革，加强大学生思想道德教育与文化素质教育，培养和造就富有时代特征和创新精神，有理想、有道德、有文化、有纪律的社会主义建设者和接班人。根据党中央关于加强和改进高校思想政治教育一系列指示精神，高校遵循“学马列要精，要管用”[①]的方针及理论联系实际的原则，不断加强队伍和学科建设，狠抓落实，更好地发挥高校思想理论教育的主渠道和主阵地的作用，以邓小平理论为中心内容，加强对大学生的马克思主义理论教育，比较系统地进行马克思主义基本原理和爱国主义、集体主义、社会主义的教育。各级教育部门和学校党政领导高度重视并切实加强对“两课”教学改革和建设的领导，认真落实有关规定，保障教学质量，并将“两课”教学状况作为评估学校工作的各级领导干部实绩的重要条件。各高校着力开展以教学内容和方法为重点的“两课”教学改革，力争在思想认识、学科建设、教学内容和方法、师资队伍建设等方面适应形势发展的新要求。“两课”改革的核心是进一步解决好邓小平理论进课堂、进教材、进头脑的问题。各级教育部门重视加强“两课”建设，增加教育投

---

① 《邓小平文选》第3卷，人民出版社1993年版，第382页。

入，改善教学与科研条件，各高校用2～3年的时间规范课程设置，修订教学基本要求，进一步提高"两课"教学水平和教学效果，建立起结构合理、功能互补的"两课"教学体系。1997年12月，国家教委成立普通高校马克思主义理论课和思想品德课教学指导委员会，对"两课"教学进行宏观管理，充分发挥专家学者对"两课"教学改革与建设的咨询和指导作用。

在课程设置方面，"两课"课程体系建设目标是结构合理、功能互补的有机课程体系，在课程内容方面注意吸收新的科学理论成果，特别重视社会主义市场经济条件下大学生的理想、信念和人生观、价值观的教育，帮助大学生运用马克思主义的立场、观点、方法分析问题、解决问题，保证沿着正确的方向健康成长。大学四年制本科仍设置"马克思主义基本原理"课程、"有中国特色社会主义建设"课程、"中国革命史"课程。思想品德教育仍设置"思想道德修养"课程、"法律基础"课程和"形势与政策"教育课程。文科类专业开设政治经济与国际关系课程，有条件的理、工、农、医院校和专业可将该课程列入选修课。二年制和三年制大专分别开设2～3门马克思主义理论教育课程和思想品德课程。四年制本科马克思主义理论课的教学时数，文科类不少于250学时，理、工、农、医类不少于200学时，三年制大专文理科均不少于150学时，二年制则不少于100学时。四年制本科思想品德课的教学时数为教学计划内不少于85学时，专科不少于68学时。对研究生的思想理论教育则有更高的要求，在继续开好原定课程并保证相应学时的基础上，结合专业，根据高校自身特点进行设置，注重提高马克思主义理论水平和理论思维能力，并用以指导科学研究。

党的十五大把邓小平理论确定为党的指导思想，同时对高校马克思主义理论课教学提出了新的更高的要求。教育部在多年来教学改革经验的基础上，规定自1998年秋季起普通高校普遍单独开设"邓小平理论概论"课程。其内容以"中国社会主义建设"课程为基础，将"马克思主义原理"中"科学社会主义论"的课程内容和"中国革命史"中1956年以后的课程内容融合到一起。

1998年6月10日，中共中央宣传部、教育部印发《关于普通高校"两课"课程设置的规定及其实施工作的意见》，对专科生、本科生和研究生的课程时数与内容设置作了明确的规定，对高校以邓小平理论"三进"为主要任务进行教学改革和课程建设做出了新的部署，在大学本科开设的马克思主义理论课包括“马克思主义哲学原理”“马克思主义政治经济学原理”“毛泽东思想概论”和“邓小平理论概论”，思想品德课包括“思想道德修养”“法律基础”“形势与政策”等七门课程。

1987 年，国家教委决定在大学生思想政治教育课程中设置“形势与政策”必修课，课程建设纳入思想品德课的课程管理体系，贯彻“以立为本，重在建设”[①]的原则，帮助大学生全面认识和正确理解党的基本路线、方针、政策，了解国内外重大时事，全面认清形势与任务，激发爱国主义精神，增强民族自信心与社会责任感，维护国家稳定，健康成长。授课中注意发挥现代化教学手段在形势政策教育中的作用，充分利用现代传媒手段、影视音像资料等，丰富教育资源，拓展教学内容与空间，提高教学效果。根据这门课的特殊性，各高校采取课堂讲授、利用政治学习时间进行专题学习等形式集中或分散安排教学，保证平均每周不少于 1 学时，实行学年考核制度，主要考核学生对形势的认识和对政策的理解。教学资料建设实行中央和地方两级管理的办法。

时事教育是在高校中开展形势政策教育，通过课堂教学、举办报告会等形式向全校师生宣传我国经济、政治、文化建设的辉煌成就，进行国内外形势及党和国家的方针政策教育，使广大师生充分了解和认识世界经济、政治格局新变化的趋势与实质，正确认识我国经济发展面临的困难和问题，全面理解党中央的方针政策，养成关心国家大事的良好习惯，坚定师生改革开放和社会主义现代化建设的信心，激发爱国主义情感，逐步树立正确的政治观点和价值观。

在教学方法方面，政治理论课和思想品德课是系统地对大学生进行马克思主义理论教育和品德教育的主渠道和基本环节，教学中贯彻解放思想、实事求是方针，牢固树立高等教育必须为以经济建设为中心的社会主义现代化建设服务的思想，贯彻落实《中国教育改革和发展纲要》，推进教育内容和方法改革，注重适应形势、明确任务、丰富内容、改善方法、提

① 教育部社会科学司组编：《普通高校思想政治理论课文献选编(1949～2008)》，中国人民大学出版社 2008 年版，第 176 页。

高队伍，贯彻理论联系实际的方针和“少而精”“要管用”的原则，从大学生思想实际出发，提高教材的思想性、科学性和针对性，使大学生领会并初步掌握马克思主义的基本立场、观点和方法。一方面，运用社会主义现代化建设和改革开放丰富的实践来讲授马克思主义的基本原理，用知识和事实进行教育，提高课程的说服力和有效性；同时，科学分析大学生的思想状况，准确把握青年学生的心理和生理特点及发展状况，了解并努力回答大学生普遍关注的重要理论和实践问题，增强马克思主义理论教育的针对性、时效性和感染力。另一方面，各高校加强建设教学实践环节，采取课堂讨论、演讲答辩、声像教学等生动的教学形式和手段，结合政治学习、组织生活、课程教学、参观考察、社会实践等，生动活泼、通俗易懂、简明扼要地进行教学，启发学生思考，达到调动大学生学习积极性的目的，提高教育的说服力和有效性。

在师资队伍建设方面，教师是加强学科建设的主要依靠和基本保证，抓好师资队伍建设是“两课”改革发展的一项紧迫的战略任务，加强“两课”建设必须努力建设一支信奉马克思主义、理论功底扎实、科研能力强、熟悉学生思想状况、热爱本职工作的师资队伍。加强大学生思想政治素质教育，对“两课”教师提出了新的更高的要求。虽然经过多年的努力，“两课”教师队伍基本上实现了新老交替，但思想政治素质和业务素质还存在与担当任务不相适应的地方，“两课”教师队伍中具有硕士以上学位的教师比例明显低于高校其他学科教师中具有硕士以上学位教师的比例。

为加强“两课”师资队伍建设，首先，各级政府与教育部门制定“两课”师资培养的长远规划和年度计划，建立相应的培训体制，采取脱产进修、在职培训、挂职锻炼等形式，提高教师的业务与政治素质，并长期坚持做到制度化、经常化。加强有关“两课”硕士和博士研究生教育，直接培养“两课”教师、德育专家和理论家。为建设一支政治过硬、业务精湛的“两课”教师队伍，高质量地全面实施“两课”课程新方案，教育部、国务院学位委员会在高校中开展“两课”教师在职攻读硕士学位的工作，通过各高校选拔、推荐，符合条件的“两课”教师进行报名、考试，批准中国人民大学等14 所高校作为培养学校，在 1999～2004 年使 3500 名在任“两课”教师通过在职学习的方式获得硕士学位，有效提高了“两课”教师的综合素质和教学能力。其次，充分发挥兼职教师的作用，通过岗前培训、教学研讨等形式提高兼职教师的教学质量。根据上级指示，各高校从校内党政干部或社会上聘请符合条件的兼职教师，在培训提高、出国交流、职称评定、奖酬金分配等方面实行倾斜政策。同时，改善“两课”教师的工作和生活条件，在课时酬金分配等问题上保证“两课”教师的待遇不低于或略高于校内其他任课教师。对于政治和业务素质好、身体健康的教师可以采取放宽退休年龄限制或返聘等方式方法，让他们继续发挥作用。再次，把优秀青年教师和学生骨干作为培养和发展党员的重点，建立健全共青团组织向党组织推荐优秀团员作为党组织培养、发展对象的制度，不断扩大积极分子队伍，切实做好发展党员工作。同时，进一步加强院系党总支和党支部建设，坚持、健全工作制度，在教学、科研、育人中发挥党总支的政治核心作用、党支部的战斗堡垒作用和共产党员的先锋模范作用。各高校党委通过加强学校领导班子建设，加强思想、组织、作风建设，带领全校师生办好有中国特色的社会主义高校。党务和政工干部同为教育工作者，是高校不可缺少的重要力量，包括从事学生思想政治教育的专职人员和兼任教学、科研工作的党务、政工干部，在政治和业务素质上坚持高标准，并从实际出发提高他们的生活待遇，使他们成为高校思想政治教育的强大生力军。

（二）加强网络教育平台建设

随着信息技术的迅速发展，互联网越来越成为高校师生获取知识和信息的重要渠道，对校园生活、学习与思想产生着广泛和深刻的影响。互联网作为一种全新的传播技术，其发展与普及拓展了高校思想政治工作的渠道、手段和阵地，提供了充足的可用教育资源，而互联网的开放性、交互性、平等性、及时性等特点增强了思想政治教育的亲和力和说服力，同时也带来一些混杂的信息，西方敌对势力凭借其经济与科技优势，以互联网为主要阵地和重要载体，加紧对我实施“西化”“分化”，散布反动、错误信息，影响当代大学生的健康成长和全面发展。用正确、积极、健康的思想文化占领网络阵地，维护高校和社会的政治稳定，已成为高校思想政治工作非常重要而又紧迫的课题。为此，江泽民作出了重要指示："要重视和充分运用信息网络技术，使思想政治工作提高实效性，扩大覆盖面，增强影响力。"①在各级党委的领导下，各高校不断提高对"思想政治教育进网络"工作重要性和紧迫性的认识，增强工作的主动性和自觉性，充分运用信息网络技术提高思想政治工作实效性，扩大覆盖面，增强影响力。坚持网上思想政治教育与学校育人工作相结合，一方面，加强网上正面宣传，开展网上"两课"教学，加强网上形势与政策教育，配备专职工作人员，加大经费和设备的投入，开设网上党校、网上团校，建立思想政治教育网站，营造积极、健康、向上的校园网络文化氛围。另一方面，注重开展网上思想辅导与答疑、心理咨询、生活服务等，开展在线交流与网上专项服务，加强舆论引导，用融思想性、知识性、服务性、趣味性于一体的网络文化活动增强新形势下高校思想政治教育工作的针对性和实效性。第九次全国高校党建工作会议明确提出："根据'趋利避害'的精神和'充分利用、积极建设、加强管理'的原则，用正确、积极、健康的思想、文化和信息占领网络这个阵地，同时防止一些人利用网络传播错误的思想和信息。"②各高校在上级领导下既加强监督，又注重引导；既加强教育，又做好服务。各高校统一规划建设，加大经费投入，配备专职技术人员，制定信息服务、网站管理等方面的规章制度，加强管理与监控。"思想政治教育进网络"的工作机制不断成熟，积极探索开展了大量卓有成效的工作。

（三）高校政治工作制度和队伍的建设和发展

建设一支专兼结合、功能互补、信念坚定、业务精湛的政治工作队伍是加强大学生思想政治教育的关键，高校将完善政治工作管理体制作为教育教学工作的重要内容进行考核、监督。2000 年 7 月 3 日，教育部党组发布《进一步加强高校学生思想政治工作队伍建设的若干意见》，指出高素质的思想政治工作队伍是全面推进素质教育、维护高校稳定、保证学

---

① 何东昌主编：《中华人民共和国重要教育文献（1998～2002）》，海南出版社 2003 年版，第 703 页。

② 何东昌主编：《中华人民共和国重要教育文献（1998～2002）》，海南出版社 2003 年版，第 1195 页。

校坚持社会主义办学方向不可缺少的重要力量，加强队伍建设具有重要性和紧迫性。高校学生思想政治工作人员包括专职人员和兼职人员，从事和负责学生思想政治教育工作的专职人员包括分管学生思想政治教育工作的党委、党总支副书记，学生工作部（处）相关工作人员，团委和团总支书记，学生辅导员等，这些人员同时还承担"两课"或其他课程的教学及相关科研工作。党务、政工干部承担思想政治教育和其他方面的教学、科研工作，可以评聘专业技术职称。兼职学生思想政治工作人员是指从教师和品学兼优的党员研究生、高年级大学生中选拔配备的半脱产学生班主任、导师或学生政治辅导员。专职学生政治辅导员任期一般为4～5年，兼职学生政治辅导员任期一般为2～4年。有条件选留为学生政治辅导员的学生，取得攻读硕士学位研究生资格后工作两年再读研究生。优秀本科生、研究生毕业留校从事2～4年党务和思想政治工作后实行分流，向党政干部、在职攻读学位、业务教师三个方向发展。各高校坚持选拔、使用、管理、培养、提高相结合的原则，加强对学生政治辅导员的教育、培养，有计划、有步骤地安排、组织岗前培训、在岗培训，将思想政治工作人员培训纳入高校师资培训规划，有计划、有目的地安排一定时间的脱产、半脱产或在职培训进修，并积极创造条件鼓励支持40岁以下具有大学本科学历的人员在职攻读硕士、博士学位或进修有关课程。加强实践锻炼是培养学生思想政治工作人员的一条重要途径。增加他们接触社会、了解国情的机会，通过上下交流、岗位轮换、校外挂职锻炼等多种途径，为他们开阔眼界、增加阅历，提高实际工作能力创造条件。对于学生思想政治工作人员的发展问题，各高校认真落实有关政策，首先从制度上解决好专职思想政治工作人员的职务和待遇等问题，充分考虑兼职学生思想政治工作人员兼职工作的特点，科学合理地折算工作量，并将其工作实绩作为评聘考虑的条件。对学生思想政治工作人员的长远发展做统筹安排，有计划地定向培养，在学生思想政治工作岗位上工作满一任的，积极向教学科研工作或管理工作岗位上推荐、输送。其次，对学生思想政治工作人员加强日常管理，严格考核，考核结果与职务聘任、奖惩、晋级挂钩，通过一系列措施，整支队伍的政治理论素养、政策水平、组织管理水平和工作技能得到较大提升。学校与家长及社会各方面也密切合作，建立校外教育网点，形成学校教育、社会教育、家庭教育更加紧密结合的新格局。

在高校大学生党团组织建设方面，1998 年，教育部党组印发的《普通高校党建工作基本标准》要求学校党委“重视研究工会共青团、学生会等群众组织工作中的重大问题，支持并指导它们依照国家法律和各自的章程独立自主地开展工作”，“指导、帮助共青团搞好思想政治建设和组织建设，发挥共青团团结教育青年的作用和党的助手作用，积极创造条件支持共青团组织开展有利于青年学生健康成长、全面发展的活动”。[①] 各级共青团组织一方面充分发挥桥梁纽带作用，做好学校与学生之间上情下达、下情上传工作，及时反映学生的意见和建议，维护学生的权益，指导学生会和学生社团开展工作；另一方面利用优势开展党的理论知识宣传教育，做好推优入党工作，开展各种形式的校园科技文化活动、社会实践、志愿服务等，引导大学生实现自我教育、自我管理和自我服务，促进青年大学生全面素质的提高，以生动的形式落实理想教育的目标。

（四）社会实践教育与志愿服务活动

《中国教育改革和发展纲要》明确指出，教育与生产劳动相结合是坚持社会主义教育方向的一项基本措施。教育部要求各高校采取多种形式促进学校教育与社会紧密结合，把劳动教育列入教学计划，安排大学生适当参加一些物质生产劳动，努力改变教育同社会、生产实践相脱离的状况，使他们了解人民是怎样辛勤创造社会财富的，不仅有利于培养他们与劳动人民的感情，更能够培养进取精神、创造精神和适应社会需要的良好心理素质，有利于促进大学生健康成长和全面发展。我国高等教育历来重视培养大学生的创新能力、实践能力和创业精神，把教学、科研和生产（社会实践）三结合作为贯彻教育与生产劳动相结合方针、改革教学模式的重要途径，并长期坚持下去。各高校根据实际情况建立起相对稳定、形式多样、效益显著的“三结合基地”“实践教学基地”等，把技术推广、技术革新和社会服务等社会实践活动与大学生的培养过程紧密结合起来，并

---

① 何东昌主编：《中华人民共和国重要教育文献（1998～2002）》，海南出版社 2003 年版，第 126 页。

把组织大学生适当参加一定的物质生产劳动作为一门必修课列入教学计划，教学形式包括社会调查、生产劳动、科技文化服务、军政训练、勤工俭学等。

组织大学生开展志愿服务也是高校理想教育的重要途径。我国的志愿服务活动既受到西方志愿精神的影响，也是中华传统慈善文化的延续和复苏，弘扬奉献、友爱、互助、进步的社会风气，在提高全社会的道德水平、促进社会的和谐与进步方面发挥着不可替代的作用。新中国成立后，志愿服务事业开始萌芽并初步形成，进入20世纪后蓬勃发展。以全国各个系统志愿服务组织的建立为基础，1994年12月5日，中国青年志愿者协会成立，这是最早促进志愿服务事业发展的全国性社会团体。1998年，团中央青年志愿者行动指导中心（即团中央青年志愿者工作部）成立，标志着全国性志愿服务组织体系形成。根据实际情况，各高校纷纷组织大学生参加科学研究、技术开发和推广以及社会服务活动等，创建高校青年志愿者协会，组建大学生志愿服务队，利用假期组织志愿者到城乡支工、支农、支医、支教，深入基层一线开展多种形式的科技文化服务，通过组织和参与跨地区乃至国际间的志愿活动，为社区建设、扶贫开发、抢险救灾、文化教育事业发展以及大型社会活动等公益事业提供服务，广大青年学生积极参加改革和建设的生产实践，提高实用知识和技能，在广阔的天地里施展才华，以极大的热情投身青年志愿者活动，发挥先导和劲旅的作用。1994年，“中国大中学生志愿服务总队”的成立标志着大中学生志愿者活动进入长期稳定发展的阶段，一些重点志愿服务项目包括中国青年志愿者扶贫接力计划、中国青年志愿者海外服务计划等，从弱势群体到普通社会公众，从环境保护到社会救助，大学生志愿活动随处可见。通过志愿服务活动，大学生“自我服务、自我管理、自我教育”的能力不断增强，基层学生会组织的活力也不断焕发。在共青团中央、全国青联的领导下，各高校广泛开展“讲文明，树新风”志愿服务活动，积极参与“手拉手”“送温暖”“希望工程”“春蕾计划”等活动，为社会、社区服务。各高校大学生利用寒暑假组织各类“三下乡”社会实践队伍，用所学的科技、医疗、管理、农业等方面的知识为广大人民群众提供咨询与服务。各高校成立的“爱心社”献爱心、送温暖、讲奉献，在新时期社会主义精神文明建设中开风气之先。全国学联组织“在成才的道路上”优秀大学生报告团和“三好学生”评选、表彰活动，集中展示了当代青年大学生奋发向上的精神面貌。

（五）校园文化建设

高校校园文化作为社会主义精神文明建设的一部分，是高校重要的可持续发展要素之一，具备强大的同化力、促进力和约束力，深刻地影响着大学生的思想品德、行为规范和生活方式。长期以来，各高校注重全方位抓好校园文化建设，大力开展积极向上、形式多样、健康生动的科技、学术、体育、艺术和娱乐活动，建设以优秀的民族文化和社会主义文化为主体、健康向上、生动活泼的校园文化，抵制腐朽、消极思想的渗透和影响，抵制低俗文化和非理性文化，净化校园环境，引导校园文化气氛向健康高雅方向发展，优化育人环境。例如，进一步推动“优化育人环境，建设文明校园”为中心内容的“文明校园”“文明学校”建设活动，在广泛开展创建文明班集体、文明宿舍、文明办公室等丰富多彩的群众性活动的基础上，深入教学、科研、管理、服务等各个方面，在校园内形成处处讲文明、人人争文明的良好风尚。同时，以课外学术科技活动为主导的校园文化活动也得到蓬勃发展，形成了浓厚的校园学术科技文化氛围，有数十万名大学生参加的“挑战杯”全国大学生课外学术科技作品竞赛，表现出青年学生敢于挑战科技前沿的勇气。

在大力推进校园文化建设的过程中，各高校注意发挥美育在教育、教学中的作用，组织有影响、有实效的群众性精神文明创建活动，提供有益于大学生身心发展的、丰富多彩的精神产品，培养大学生健康的审美观念和审判能力，陶冶高尚的道德情操，培养良好的品德和行为习惯。德育在准则规范性教育中使人获得自觉的道德意识，美育主要在潜移默化中影响人的情感、气质、趣味、情操和胸襟，在熏陶、感染中对人的精神起激励、净化、升华作用。美育是党的教育方针的重要组成部分，在培养大学生健康的审美观念和审美能力、陶冶大学生道德情操等方面具有其他学科所不能替代的独特的重要作用。培养、提高人的素质，最根本的问题就是提升人的精神境界，通过培养健康的情感和良好的道德风尚，使大学生的思想得到净化，品格得到完善，对美的鉴赏力、感受力、创造力和表现力得到提高，开阔视野，拓展思维，增强爱国主义精神和民族自尊心、自信心，能够抵御各种落后、错误、腐朽的美学思潮和艺术思潮的影响和干扰，以美引善，以美启真，以美怡情，升华精神，美化心灵，促进身心健康，从而使身心得到和谐发展。其中，艺术教育是美育教育的主要内容和途径，也是大学生人文素质教育的重要内容之一。艺术教育的形式包括开设艺术欣赏课，积极开展课外文化艺术活动，如艺术节、电影节、舞蹈比赛、歌咏比赛、美术展、摄影作品展等综合性或单项艺术教育活动，加强大学生文艺社团的建设、管理与指导，教会大学生欣赏音乐、舞蹈、戏剧、美术、书法等并掌握一定的技巧等。在教育过程中，注意运用影视、书刊、音乐、戏剧、美术等形式，为大学生提供丰富、生动的爱国主义教材，这是提高大学生文化素养、促进校园精神文明建设不可或缺的内容。各高校根据实际情况挖掘社会资源，与社会上的文化机构联合起来创造良好的育人环境，例如，各级政府与文化部门加强博物馆、纪念馆、战斗纪念设施、文物古迹等爱国主义教育基地的建设；邀请著名艺术家和艺术团体走进大学校园，实现高雅艺术、严肃音乐走进校园，着力于陶冶大学生情操，提高大学生道德修养。

（六）国防教育

军训工作是贯彻党的教育方针、加强国防后备力量建设、提高大学生素质的一项重要措施。按照教学大纲的要求组织集中训练和军事理论课教学，取得了显著的效果，形成了高校、高级中学和九年义务教育阶段三级国防教育体系。1984 年颁布的新《兵役法》明确规定：高校、高级中学学生军训是履行兵役义务的一种形式。1997 年 3 月 14 日，第八届全国人民代表大会第五次会议通过的《中华人民共和国国防法》规定："学校的国防教育是全民国防教育的基础。各级各类学校应当设置适当的国防教育课程，或者在有关课程中增加国防教育的内容。军事机关应当协助学校开展国防教育。”[①]2001 年 4 月 28 日，《中华人民共和国国防教育法》颁布，对学校国防教育做出了明确的规定，为学校国防教育提供了重要的法律依据，为推动学校国防教育深入发展奠定了良好的基础。2002 年，教育部和中国人民解放军总参谋部、总政治部印发《普通高校军事课教学大纲》，军事课程作为普通高校本、专科学生的一门必修课，军事理论教学为 36 学时，军事技能训练时间为 2～3 周，实际训练时间不得少于 14 天。学校国防教育从我国国情出发，开展多种形式的群众性国防教育与训练活动，丰富高校国防教育和体育训练内容，提高大学生的军事技能，强健体魄，培养勇敢顽强、团结协作的品格。为确保国防教育顺利开展，各高校与各级政府共同协作，采取措施保持军训组织机构健全、干部教师队伍稳定，保证物资和人员到位，不断提高教育和教学水平。

三、改革开放和现代化建设新时期高校理想教育的特点

高校的根本任务是培养德、智、体、美全面发展的、适应社会主义现代化建设需要的高级专门人才，因此各高校这一时期注意正确处理好体制改革与教学改革、人才培养数量与质量的关系，把加强教学工作、全面提高人才培养质量放在突出重要的位置，从社会主义现代化建设的实际需要出发，加快人才培养速度，提高人才培养质量，使我国高校人才培养质量和办学效益再上一个新台阶。改革开放和现代化建设新时期高校理想教育主要有以下三个特点。

（一）教育与管理相结合，注重质量发展与内涵提升

《中国教育改革和发展纲要》以建设有中国特色社会主义理论为指导，提出了 20 世纪 90 年代教育改革和发展的目标、方针、政策和措施，是指导 20 世纪 90 年代乃至 21 世纪初我国教育改革和发展的纲领性文献。教育是社会主义现代化建设的基础工程和战略重点，必须自觉地服从、服务于经济建设这个中心，自觉地适应社会主义市场经济体制。高等教育

---

① 何东昌主编:《中华人民共和国重要教育文献（1949～1975）》，海南出版社 1998 年版，第 4173 页。

要走以内涵发展为主的道路，使规模更加适当，结构更加合理，质量和效益明显提高。

首先，改革高等教育办学体制，改革原有的由国家包办高等教育的单一体制和模式，理顺政府、社会和学校之间的关系，各级教育行政部门转变职能，政府统筹规划、宏观管理，扩大地方和学校的自主权，让学校真正成为自主办学的法人实体，进一步促进学校面向社会自主办学，增强高校办学积极性，提高教育效率与质量。办学过程中端正办学思想，将重点从扩大规模转向加强教学建设，在教学内容、教学体系、教学管理、教学方法与手段、师资队伍以及办学条件等方面，极大地调动了各高校办学积极性。其次，全面发挥高校全员育人、全过程育人的作用。1994 年，中共中央发布《关于加强和改进学校德育工作的若干意见》，要求改进德育工作的方式方法，将德育教育贯穿、渗透到教学的全过程，寓德育于各学科教学中，与学生生活和社会实践相联系，讲究实际效果，克服形式主义。各高校全面推进德育教育，尊重学生身心发展特点和教育规律，把德育、智育、体育、美育等有机地统一在教育活动的各个环节中，加强劳动技术教育和社会实践，使各方面相互渗透、协调发展，构成一个完整的育人体系。1997 年，国家教委在教育系统开展“讲文明，树新风”活动，以优化育人环境、建设文明校园为中心内容，以优质服务、优良作风、优美环境为目标，促进学校育人环境建设，将党建工作、德育工作、精神文明建设工作结合起来，促进师生思想道德建设。再次，通过不断改进工作作风、完善管理机制促进教育效果；将加强教育与加强管理相结合，与关心指导大学生的学习、生活相结合。培养高尚的思想道德，养成良好的社会风尚，既要靠耐心细致的思想教育，又要靠科学规范的严格管理。将倡导的思想道德原则融入科学有效的管理中，使自律与他律、内存约束与外在约束有机地结合起来，形成扬善惩恶的良好社会环境。在高校通过综合运用教育、管理与舆论等手段，将思想道德教育和加强管理结合起来，坚持解决思想问题与解决实际问题相结合，将耐心细致的思想工作与纪律约束结合起来，既讲道理，又办实事。一方面，通过与大学生谈心、咨询等方式，指导他们处理好在学习、生活、择业、交友、健康等方面遇到的问题，把思想政治教育工作贯穿学校教育、管理、服务工作的各个方面。另一方面，严格校规校纪，认真贯彻实施《高校学生行为准则》等相关规章制度，加强良好校风、学风建设，使不文明、不道德行为和现象在校园无立足之地。

（二）通过全社会精神文明建设促进高校理想教育

在建立社会主义市场经济体制过程中，科学技术迅猛发展，世界范围内各种文化、思潮相互激荡，要战胜各种困难，必须将社会主义精神文明建设提到更加突出的地位，保障并促进改革、发展、稳定。社会主义精神文明建设的根本任务是培养有理想、有道德、有文化、有纪律的社会主义公民，提高全民族的思想道德素质和科学文化素质，特别要把提高青少年素质作为工作重点，“形成有利于改革开放和社会主义现代化建设健康发展的舆论力量、价值观念、道德规范、文化条件和社会风尚。建立以马列主义、毛泽东思想和邓小平建设有中国特色社会主义理论为指导的，批判继承历史传统而又充分体现时代精神、立足本国而又面向世界的中华民族的社会主义精神文明”①。改革开放和现代化建设新时期，社会主义精神文明建设的主要目标是“在全民族牢固树立建设有中国特色的社会主义的共同理想，牢固树立坚持党的基本路线不动摇的坚定信念，实现以思想道德修养、科学教育水平、民主法制观念为主要内容的公民素质的显著提高”②，在全国范围内形成物质文明建设与精神文明建设协调发展的良好局面。社会主义精神文明建设要求坚持用邓小平理论武装全党、教育人民，坚持正确的舆论导向，广泛开展群众性精神文明创建活动，密切党同群众的联系，调动各族人民在社会主义现代化建设中的积极性，维护改革、发展、稳定的大局。社会主义精神文明建设坚持“为人民服务，为社会主义服务”的方向和“百花齐放，百家争鸣”的方针，充分发挥新闻媒体在思想政治工作中的重要作用，全面繁荣社会主义文化，“以科学的理论武装人，以正确的舆论引导人，以高尚的精神塑造人，以优秀的作品鼓舞人，培育有理想、有道德、有文化、有纪律的公民。理想信念教育作为核心内

---

① 何东昌主编：《中华人民共和国重要教育文献（1949～1975）》，海南出版社 1998 年版，第 3956 页。

② 何东昌主编：《中华人民共和国重要教育文献（1949～1975）》，海南出版社 1998 年版，第 4058 页。

容，引导广大党员、干部和群众树立建设有中国特色社会主义的共同理想，树立正确的世界观、人生观、价值观，为建设富强、民主、文明的社会主义现代化国家而团结奋斗”[①]。

2001年9月20日，中共中央印发实施《公民道德建设实施纲要》，要求全党全国人民充分认识到加强公民道德建设的重要性、艰巨性、长期性和紧迫性，建立与发展社会主义市场经济体制相适应的社会主义道德体系，形成良好的社会风气，促进整个民族素质不断提高。《公民道德建设实施纲要》提出建设与社会主义市场经济相适应的社会主义道德体系是提高全民族素质的一项基础性工程，对弘扬民族精神和时代精神，促进物质文明与精神文明协调发展，具有十分重要的意义。这一时期公民道德建设的指导思想是：“以马克思列宁主义、毛泽东思想、邓小平理论为指导，全面贯彻江泽民同志‘三个代表’重要思想，坚持党的基本路线、基本纲领，重在建设，以人为本，在全民族牢固树立建设有中国特色社会主义的共同理想和正确的世界观、人生观、价值观。在全社会大力倡导‘爱国守法、明礼诚信、团结友善、勤俭自强、敬业奉献’的基本道德规范，努力提高公民道德素质，促进人的全面发展，培养一代又一代有理想、有道德、有文化、有纪律的社会主义公民。”[②]社会主义公民道德建设的主要内容是坚持以为人民服务为核心，以集体主义为原则，以爱祖国、爱人民、爱劳动、爱科学、爱社会主义为基本要求，以社会公德、职业道德、家庭美德为着力点。为人民服务是公民道德建设的核心，这是社会主义道德区别并优越于其他社会形态道德的显著标志。集体主义是公民道德建设的原则，是社会主义经济、政治和文化建设的必然要求。爱祖国、爱人民、爱劳动、爱科学、爱社会主义是公民道德建设的基本要求，是每个公民应当承担的法律义务和道德责任。社会公德是全体公民在社会交往和公共生活中应当遵循的行为准则，涵盖了人与人、人与社会、人与自然之间的关系。提高公民道德素质，教育是基础，家庭是人们接受道德教育最早的地方，

---

① 何东昌主编：《中华人民共和国重要教育文献（1998～2002）》，海南出版社2003年版，第395页。

② 何东昌主编：《中华人民共和国重要教育文献（1998～2002）》，海南出版社2003年版，第1001页。

而学校是进行系统道德教育的重要阵地，社会是进行公民道德教育的大课堂。党的十一届三中全会特别是党的十四大以来，公民道德建设迈出了新的步伐，社会道德风尚发生了可喜变化，中华民族的传统美德与体现时代要求的新道德观念相融合，成为我国公民道德建设发展的主流。高校是传播和创造社会主义精神文明的重要阵地，在整个社会主义精神文明建设中具有重要的基础性作用。“学校的教育特别是德育教育其本身就是一种创造的精神文明活动，它对学生进行理想道德和理想人格的引导和培养，使学生站在更高的层面，具备更广的视野，形成一种强烈的使命感和责任感，一种勇于追求真理的科学态度，让更崇高、更全面的理想成为毕业生的抱负和价值准则。”[①]在高校加强社会主义精神文明建设不仅对大学生是一种潜移默化的熏陶和良好的教育，对教职工队伍建设、对学校的改革与发展也起到强有力的促进和保证作用。各高校坚持把教书与育人紧密结合起来，发挥全体教职工的育人作用，重视教育资源开发，重视德育和政工队伍建设，推进师德建设，加强校园文化建设，营造良好育人氛围，把道德教育、精神文明建设的内容渗透到教育、教学与管理的各个环节，对整个社会的精神文明建设起到了重要的示范、影响和辐射作用。

（三）加强教育法制建设　推动高校理想教育

随着社会主义市场经济体制的建立和不断完善，现代法律意识和法制观念已经成为衡量人才素质的重要指标。社会主义法治是先进文化的重要组成部分，法制教育是思想政治教育的重要内容，也是素质教育的重要组成部分，通过法制教育使大学生成为具有现代法制观念和法律意识的社会主义现代化事业的建设者和合格公民，才能从根本上保证党和国家的意志在社会生活的各个方面得以贯彻，从根本上保障国家的长治久安。高校把法制教育与思想政治教育有机结合起来，成为学校思想政治教育的重要内容，将法律常识作为大学生必修的内容列入“两课”教学计

① 罗四维：《加强学校精神文明建设　营造良好育人氛围》，《四川教育学院学报》2001年第S1期。

划，并充分运用各种教育资源进行法治教育，给学生打下良好的思想和法律基础。教师言传身教、以身作则，在教育教学活动中自觉贯彻法治精神和法律要求，通过多种形式让大学生逐步理解并接受权利义务意识、公民意识、法律面前人人平等等法治观念，成为指导他们辨别是非、确定自身行为规范的引导者。

教育立法，有序分行。1993 年 10 月 31 日，第八届全国人民代表大会常务委员会第四次会议通过《中华人民共和国教师法》，第一次以法律的形式明确了教师在我国社会主义现代化建设中的重要地位，对教师的权利、义务、任用、考核、培训以及待遇等方面做了全面的规定，是我国教师队伍建设走向规范化、法制化的根本保障；是贯彻《中国教育改革和发展纲要》，落实教育优先发展的战略地位，体现党的以尊重知识、尊重人才为核心的知识分子政策的重大措施。各级政府及教育部门高度重视，广泛开展宣传、学习和普及活动，以提高教师的素质、改善教师的工作条件和生活待遇为重点，全面贯彻落实《中华人民共和国教师法》。广大教师认真履行《中华人民共和国教师法》规定的义务，发扬无私奉献的精神，忠诚教育事业，努力钻研业务，关心爱护学生，教书育人，为人师表。

我国早先通过了《中华人民共和国学位条例》与《中华人民共和国义务教育法》，1995 年，颁布了作为教育工作根本大法的《中华人民共和国教育法》，接着颁布了《中华人民共和国职业教育法》《中华人民共和国高等教育法(草案)》《教学成果奖励条例》《残疾人教育法》《教师资格条例》《社会力量办学条例》等。随后又颁布了《中华人民共和国义务教育法实施细则》《学生伤害事故处理办法》《中华人民共和国预防未成年人犯罪法》等法律法规。截至 1998 年，我国主要教育法律已达五项，教育行政法规 16 项，教育行政规章总计 200 余件。在加强立法工作的同时，教育执法与监督工作也不断得到加强。为保证教育目标顺利完成，建立健全各种规章制度，包括各种工作实施细则、教师培训制度和职务评聘办法、工作条例、岗位职责、考核及奖励办法等。针对学生则是考评、奖惩的具体办法等。

1998 年 8 月 29 日，《中华人民共和国高等教育法》颁布，标志着以《中华人民共和国教育法》为核心的各项教育法律、法规为框架的教育法规体系基本形成。其中规定“高等教育的任务是培养具有创新精神和实践能力的高级专门人才”①，反映了时代和社会发展的需求，体现了高等教育作为教育的最高层次所应具有的特征。

① 何东昌主编：《中华人民共和国重要教育文献（1998～2002）》，海南出版社 2003 年版，第 200 页。

第五章　开创中国特色社会主义事业新局面阶段高校理想教育

开创中国特色社会主义事业新局面阶段指的是从 2002 年至 2012 年，在社会主义建设与发展取得的经验与成就基础上，党带领全国各族人民努力构建社会主义和谐社会，不断开创中国特色社会主义事业的新局面。这一时期高校理想教育的任务是在中国特色社会主义共同理想的感召下，教育大学生坚持中国共产党的领导，走中国特色社会主义道路，树立和践行社会主义荣辱观，奋发图强、勤奋学习，努力成长为社会主义事业的合格建设者和可靠接班人。这一时期“两课”教育教学改革进一步推进，社会实践与志愿服务得到蓬勃发展，教育手段更加丰富也更加符合大学生的个性特征，思想政治教育工作者的教育培养与关怀也更加细致，高校理想教育迎来发展高潮期。

一、开创中国特色社会主义事业新局面阶段高校理想教育的主要内容

进入 21 世纪，世界多极化、经济全球化深入发展，各国互相依存和利益交融进一步加深，世界处在大发展、大变革、大调整时期。国内经济体制深刻变革、利益格局深刻调整、社会结构深刻变动，必然反映到意识形态领域。面对复杂多变的国际环境和改革发展的艰巨任务，高校理想教育根据新形势新任务的要求，在深刻总结历史经验的基础上，全面贯彻落

实"三个代表"重要思想和科学发展观，坚持解放思想、实事求是、求真务实、与时俱进，顺应时代潮流，抓住战略机遇，战胜各种困难，继续开拓前进。

2002年11月，党的十六大胜利召开，标志着我国改革开放和现代化建设进入全面建设小康社会时期。在全面建设更高水平的小康社会进程中，文化越来越成为经济社会发展的重要支撑，丰富精神文化生活越来越成为我国人民的热切愿望。同时，解决道德领域的突出问题，提高公民思想道德素质和社会文明程度，是21世纪党面临的现实考验和紧迫任务。2006年10月，党的十六届六中全会第一次明确提出了"建设社会主义核心价值体系"的重大命题和战略任务，其内涵包括马克思主义指导思想、中国特色社会主义共同理想、以爱国主义为核心的民族精神和以改革创新为核心的时代精神、社会主义荣辱观。2007年10月，党的十七大报告指出："建设社会主义核心价值体系，增强社会主义意识形态的吸引力和凝聚力。"[①]2011年10月，党的十七届六中全会提出21世纪推动社会主义文化大发展大繁荣，要"坚持推进社会主义核心价值体系建设，用马克思主义中国化最新成果武装全党、教育人民，用中国特色社会主义共同理想凝聚力量，用以爱国主义为核心的民族精神和以改革创新为核心的时代精神鼓舞斗志，用社会主义荣辱观引领风尚，巩固全党全国各族人民团结奋斗的共同思想道德基础"[②]。2012年11月8日至14日，党的十八大在北京召开，十八大报告提出"加强社会主义核心价值体系建设"，"倡导富强、民主、文明、和谐，倡导自由、平等、公正、法治，倡导爱国、敬业、诚信、友善，积极培育社会主义核心价值观"，强调了社会主义核心价值体系的建设，并赋予其"兴国之魂""决定着中国特色社会主义发展方向"的更高地位。[③] 2013年12月，中共中央办公厅印发《关于培育和践行社会主义核心价值观的意见》，明确提出以"三个倡导"为基本内容的社会主义核

---

① 《胡锦涛文选》第2卷，人民出版社2016年版，第639页。

② 中共中央文献研究室编：《十七大以来重要文献选编》(下)，中央文献出版社2009年版，第559页。

③ 参见中共中央文献研究室编：《十八大以来重要文献选编》(上)，中央文献出版社2014年版，第24～25页。

心价值观，用24个字概括了社会主义核心价值观的基本内容：富强、民主、文明、和谐是国家层面的价值目标，自由、平等、公正、法治是社会层面的价值取向，爱国、敬业、诚信、友善是公民个人层面的价值准则。社会主义核心价值观是马克思主义与社会主义现代化建设相结合的产物，与中国特色社会主义发展要求相契合，与中华优秀传统文化和人类文明优秀成果一脉相承，具有鲜明的科学性、时代性、先进性、现实性、民族性、开放性，是我们党凝聚全党全社会价值共识作出的重要论断。2014年2月24日，习近平总书记在中共中央政治局第十三次集体学习中强调，把培育和弘扬社会主义核心价值观作为凝魂聚气、强基固本的基础工程，“既尊重差异、包容多样，又有力抵制各种错误和腐朽思想的影响，更好地凝魂聚气、强基固本”①。通过继承和发扬中华优秀传统文化，弘扬中华传统美德，广泛开展社会主义核心价值观的宣传教育，积极引导人们讲道德、尊道德、守道德，追求高尚的道德理想，不断夯实中国特色社会主义的思想道德基础。这一时期高校理想教育的内容主要包括以下三方面。

（一）用科学的理论武装头脑，坚定中国特色社会主义共同理想

加强大学生理想教育，深入进行正确的世界观、人生观、价值观和荣辱观教育，增强大学生奉献祖国、服务人民的使命感和责任感，首要的一点是坚持不懈地用科学的理论武装大学生的头脑。正确的理想信念应当建立在对社会发展规律科学认识的基础之上，大学生牢固树立为全面建设小康社会而奋斗的理想信念，必须努力学习、掌握马克思主义科学理论。中国特色社会主义理论体系是一个科学的理论体系，包括邓小平理论、“三个代表”重要思想和科学发展观等重大战略思想，是最宝贵的政治和精神财富，是全国各族人民团结奋斗的共同思想基础。加强对中国特色社会主义理论体系的学习，自觉主动地学习、带着问题学习、持之以恒地学习，做到真学、真懂、真信并真用，真正把握其丰富内涵和基本观点，

---

① 中共中央文献研究室编：《十七大以来重要文献选编》（中），中央文献出版社2011年版，第377页。

深刻理解其与马克思列宁主义、毛泽东思想一脉相承且与时俱进的内在关系，坚持理论联系实际，学以致用，增强政治敏锐性和政治鉴别力，不畏任何风险，不断强化对中国特色社会主义的坚定信念。通过系统的思想理论教育和社会实践锻炼，青年大学生会自觉承担起学习、研究和实践中国特色社会主义理论的重要任务，"努力成为中国先进生产力的开拓者、先进文化的弘扬者和最广大人民利益的维护者"①。只有通过认真学习马克思列宁主义、毛泽东思想、邓小平理论、"三个代表"重要思想和科学发展观，不断深刻领会其时代背景、实践基础、精神实质、科学内涵和历史地位，发展社会主义政治思想，大学生才能站稳党和人民的立场，坚定正确的政治方向，为自己的人生确立正确的理论指导和强大的精神支柱。

用科学的理论指导实践，首要的是坚定中国特色社会主义共同理想。中国特色社会主义共同理想是社会主义核心价值体系基本内容的一部分，即坚定对中国共产党的信任，坚定走中国特色社会主义道路，坚定实现中华民族的伟大复兴。中国特色社会主义共同理想是当代中国发展进步的根本方向，集中体现了最广大人民的根本利益和共同愿望，中国特色社会主义道路是实现社会主义现代化建设目标和中华民族伟大复兴的必由之路，也是创造人民美好生活的必由之路。中国特色社会主义共同理想立足于我国的现实，高于我国的现实，符合我国社会主义发展的客观规律，是科学的社会理想。大学生必须最大限度地与广大人民团结、凝聚在中国特色社会主义伟大旗帜之下，自觉将个人理想融入中国特色社会主义共同理想之中，坚定中国特色社会主义的信心和信念，成为社会主义建设的强大生力军。

（二）教育引导大学生树立和践行社会主义荣辱观

党的十六大报告对加强思想道德教育提出了新的要求，特别强调要加强青少年的思想道德建设，坚持以为人民服务为核心，以集体主义为原则，以诚实守信为重点，全面贯彻《公民道德建设实施纲要》，大力倡导"爱

① 教育部社会科学司组编：《普通高校思想政治理论课文献选编(1949～2008)》，中国人民大学出版社 2008 年版，第 190 页。

国守法、明礼诚信、团结友善、勤俭自强、敬业奉献”[①]的基本道德规范和行为准则。各高校扎实落实《公民道德建设实施纲要》，把爱国主义、集体主义和社会主义教育有机统一起来，以加强爱国主义教育为重点，在全校师生中开展中华民族优良传统、中国革命传统和中华文化教育，弘扬和培育民族精神，培养团结统一、勤劳勇敢、自强不息的精神，培养爱国情怀和改革精神，树立民族自豪感、自尊心和自信心，保持艰苦奋斗的作风、昂扬向上的精神状态。教育大学生将个人利益和国家利益、局部利益和整体利益、眼前利益和长远利益正确统一起来，牢固树立心中有祖国、心中有集体、心中有他人的意识，懂得为人做事的基本道理。努力培育大学生的创造意识、劳动意识、效率意识和科学精神、进取精神、团队精神以及自理、自强、自律能力。教育大学生从自身做起，规范行为，提高修养，艰苦朴素，勤俭节约，不贪图享受，不铺张浪费，努力养成良好的道德习惯；锤炼品格，遵守法律、社会公德，养成良好的文明生活习惯，具备科学、健康生活的基本素养。帮助大学生增强辨别是非、善恶和美丑的能力，增强抵制错误思潮和腐朽思想侵蚀的能力，增强克服困难和挫折的能力，正确选择生活道路，正确把握生活准则，实现德、智、体、美全面发展。

推进公民道德教育，必须弘扬以“八荣八耻”为主要内容的社会主义荣辱观，即“坚持以热爱祖国为荣、以危害祖国为耻，以服务人民为荣、以背离人民为耻，以崇尚科学为荣、以愚昧无知为耻，以辛勤劳动为荣、以好逸恶劳为耻，以团结互助为荣、以损人利己为耻，以诚实守信为荣、以见利忘义为耻，以遵纪守法为荣、以违法乱纪为耻，以艰苦奋斗为荣、以骄奢淫逸为耻”[②]。社会主义荣辱观涵盖了人生态度、社会风尚的方方面面，明确了当代社会最基本的价值取向、行为准则，体现了社会主义基本道德规范。社会主义荣辱观是中华民族传统美德和时代精神的结合，体现了社会主义基本道德规范和社会风尚的要求，是建设社会主义核心价值体系的重要内容，成为并将继续成为引领社会风尚的一面旗帜。社会主义荣

① 何东昌主编：《中华人民共和国重要教育文献（1998～2002）》，海南出版社2003年版，第1451页。

② 中共中央文献研究室编：《十六大以来重要文献选编》（下），中央文献出版社2011年版，第317页。

辱观体现了社会主义道德的根本要求，旗帜鲜明地指导大学生明是非、辨美丑、分善恶、知荣辱、讲正气、促和谐，形成正确的价值判断，通过加强社会公德、家庭美德、职业道德和个人品德教育，引导大学生增强道德判断力和道德荣誉感，自觉履行法律义务、社会责任和家庭责任，把诚信建设摆在突出位置，建设良好的道德风尚，形成互爱互助、平等友爱、尊老爱幼、见义勇为、扶贫帮困、扶弱助残、公平正义、共同进步的良好氛围。引导大学生弘扬科学精神，抵制封建迷信，坚决反对拜金主义、享乐主义和极端个人主义。引导大学生在遵守基本行为准则的基础上追求更高的思想道德目标，不断提高思想道德素质，促进全社会文明进步。

青年从来都是开风气之先的力量，应主动走在建设社会主义核心价值体系的前列，坚持高尚品行，为开创社会新风发挥积极作用，把"正确的道德认知、自觉的道德养成和积极的道德实践紧密结合起来"[①]，带头履行社会责任，争当诚实守信的模范；带头学雷锋，积极参加志愿服务活动，多做扶弱助残、扶贫济困的实事好事；带头争当促进和谐的模范，弘扬社会主义法治精神，推动形成依法办事的行为规范、礼让宽容的人际关系和更平和的社会心态，自觉维护安定团结的社会大局，通过树立践行社会主义荣辱观更好地引领社会风尚。高校理想教育注重把社会主义荣辱观、社会主义核心价值体系融入大学生思想政治教育中，体现到教学中，体现到各种形式的校园文化与课外活动中，并在已有基础上进一步巩固、丰富、深化，切实做到进教材、进课堂、进学生头脑。

（三）刻苦学习，勇于创新，为实现中华民族的伟大复兴奉献火红的青春

这一时期时代的主旋律是全党全国人民全力以赴搞建设、一心一意谋发展，为实现中华民族伟大复兴、为创造人民幸福美好的生活而努力奋斗，全社会形成崇尚科学、鼓励创新、反对迷信和伪科学的良好氛围，进入全民学习、终身学习的学习型社会。江泽民指出："到本世纪中叶，基本实

---

① 中共中央文献研究室编：《十七大以来重要文献选编》（下），中央文献出版社 2009 年版，第 956 页。

现现代化，把我国建设成为富强民主文明的社会主义国家，实现中华民族的伟大复兴，这是全国各族人民的奋斗目标，也是当代青年的历史使命和当代青年运动的主题。”[①]当代大学生是党和国家事业发展的可靠接班人和强大生力军，是值得信赖、大有希望的一代，应自觉肩负起历史赋予的神圣使命，坚定地跟党走中国特色社会主义道路，为全面建设小康社会的伟大实践奉献青春，不断开拓进取，创造无愧于时代的丰功伟绩。每个大学生都有自己的理想抱负，个人的理想抱负只有与全民族的共同理想相统一、与国家发展的历史洪流相融合才能真正得到实现。梦想意味着责任和担当，“千里之行，始于足下”，大学生要把梦想融入日常学习、工作和生活的点点滴滴中，体现在实实在在的具体奋斗上，为党和人民交上满意的答卷。

2003 年 7 月 22 日至 26 日，中国共产主义青年团第十五次全国代表大会胜利举行，胡锦涛总书记在大会上寄语广大团员青年要勤于学习、善于创造、甘于奉献，把火红的青春献给全面建设小康社会、发展中国特色社会主义的伟大事业。当代大学生要树立梦想从学习开始、事业靠本领成就的观念，坚持面向现代化，面向世界，面向未来，增强知识更新的紧迫感，把学习作为主要的任务，作为一种责任、一种精神追求和一种生活方式，珍惜青年时期的黄金时光，如饥似渴地学习，不断提高与时代发展和事业要求相适应的素质和能力。科技的飞速发展、全面建设小康社会的艰巨任务，对大学生的学习提出了更高的要求，大学生应当紧跟科学技术日新月异的步伐，全面学习、善于学习并坚持学习，与时俱进，发奋成才，勇于创新，敢于创造，既学文化知识，又要学习各项技术与技能，开阔视野，优化知识结构，切实增强为祖国和人民服务的本领，提高应对竞争和挑战的能力。在加强学习的同时，大学生不仅要着力提高服务国家、服务人民的社会责任感，更要提高勇于探索的创新精神和善于解决问题的实践能力，“努力掌握科学方法，培养求真务实的科学精神和扎实苦干的工作作风，勤勉敬业，埋头苦干，在学习书本知识的同时自觉向实践学习，向人民学习，向生

① 中共中央文献研究室编：《十六大以来重要文献选编》（上），中央文献出版社 2005 年版，第 380 页。

活学习，在亿万人民群众创造历史的伟大实践中增长常识和才干”①。

为实现中华民族的伟大复兴而努力奋斗，大学生既要树立为祖国、为人民贡献智慧和力量的正确理想，弘扬科学精神，更需要健康的身体、需要养成健康文明的生活方式来实现中华民族与个人的理想。大学生体魄强健、身心健康、意志坚强和充满活力是社会文明进步的标志，关系着整个民族的健康素质，关系着我国人才培养的质量。因此，加强体育锻炼、增强体质是新时期加强爱国主义、集体主义和社会主义教育的重要途径，是大学生增强意志、提高思想品德修养、促进智力发育和提高审美素养的重要途径。高校坚持“健康第一”的指导思想，从制度、工作机制及资金投入各方面保证体育课和学生体育活动的顺利实施与开展，加强师资队伍建设和体育卫生设施建设，不遗余力地为提升大学生身心健康水平提供保障。各高校通过开展“全国亿万学生阳光体育运动”、举办多层次的学生体育运动会、开展竞技性和群众性体育活动等，进一步完善政策保障措施，形成重视体育、崇尚运动、健康向上的良好风气，推动大学生体育运动的发展。大学生积极参加体育运动，珍视健康，养成良好的锻炼习惯和文明健康的生活方式，不断提高健康素质。各高校同样不断加强心理健康教育和心理咨询辅导，帮助大学生培养良好的心理品质，增强克服困难、承受挫折的能力，引导大学生健康成长。

二、开创中国特色社会主义事业新局面阶段高校理想教育的途径

开创中国特色社会主义事业新局面阶段高校理想教育的首要目标是坚持马克思主义指导地位，用中国特色社会主义理论体系武装、教育全体师生，树立马克思主义的世界观、人生观和价值观，紧密结合中国实际、时代特征和青年成长成才的愿望，帮助大学生认清人类历史的走向，认清社会主义发展的前景，确立坚定正确的政治方向，提高贯彻执行党的基本路线的自觉性，树立和践行社会主义荣辱观，培养良好的道德品质，成为社

① 中共中央文献研究室编:《十六大以来重要文献选编》(上)，中央文献出版社 2011 年版，第 380 页。

会主义事业的合格建设者和可靠接班人。理想教育的途径主要有以下四种。

（一）“两课”建设与发展

思想政治理论课是大学生思想政治教育的主渠道，体现了社会主义大学的本质要求，是理想教育的重要途径。形势政策教育则是大学生思想政治教育的重要内容和途径。“两课”是大学生的必修课，积极推进中国特色社会主义理论体系进教材、进课堂、进学生头脑，是当前和今后一个时期“两课”教育教学工作的重要任务。这一时期“两课”持续巩固马克思主义指导地位，坚持用马克思主义中国化最新成果武装、教育大学生，始终保持正确的教育教学方向，“把传授知识与思想教育结合起来，把系统教学与专题教育结合起来，把理论武装与实践育人结合起来”①，切实改革教学内容，改善教学手段，改进教学方法，“实现教学方式方法多样化、实践教学规范化和教学手段现代化，建立和完善教师培训制度和激励机制，确立党的宣传部门与教育部门相互协调、密切配合的宏观管理体制”②，不断提高教育质量。

在课程设置方面，“两课”的课程设置主要有“马克思主义哲学原理”“马克思主义政治经济学原理”“毛泽东思想概论”“邓小平理论概论”“当代世界经济与政治”“思想道德修养”和“法律基础”等七门课。2003 年起，教育部为贯彻党的十六大精神，进一步深化“三个代表”重要思想的“三进”工作，将“邓小平理论概论”课调整为“邓小平理论和‘三个代表’重要思想概论”课，教学条件较好的高校可以单独进行“‘三个代表’重要思想概论”课试点，由教育部组织编写这两门课程的示范教材。教育部规定在其他“两课”课程中全面渗透“三个代表”重要思想，并全面修订“两课”其他各门课程的示范教材。

2005 年 1 月，中共中央政治局常委会经专门研究，决定将四年制本

---

① 教育部社会科学司组编：《普通高校思想政治理论课文献选编（1949～2008）》，中国人民大学出版社 2008 年版，第 204 页。

② 教育部社会科学司组编：《普通高校思想政治理论课文献选编（1949～2008）》，中国人民大学出版社 2008 年版，第 214 页。

科“思想政治理论课由原来的七门必修课调整为四门，分别是：马克思主义基本原理概论，毛泽东思想、邓小平理论和‘三个代表’重要思想概论，思想道德修养与法律基础，中国近现代史纲要”①，同时开设“形势与政策”课，另开设“当代世界经济与政治”等选修课。专科开设两门必修课：“毛泽东思想、邓小平理论和‘三个代表’重要思想概论”和“思想道德修养与法律基础”。本科生、专科生都开设“形势与政策”课，“形势与政策”课是大学生必修课程，授课时间为每周 1 学时，本科 4 年的学习计 2 个学分，专科计1 个学分，每学年考核一次，采用开卷考试、写论文等形式，主要考察大学生对党的路线、方针、政策的理解和国内外形势的认识。各高校在此基础上确定硕士生和博士生的思想政治理论课课程设置。

在教学方法方面，这一时期“两课”教学不断探索改革教学方法，进一步提升教育质量。一是继续发扬理论联系实际的教学原则，紧密结合国际形势的新变化、社会主义初级阶段发展的新情况以及改革开放和现代化建设中的新实践，贴近实际、贴近生活、贴近学生，不断增强课程的吸引力和感染力。二是“两课”教学继续坚持以正面教育为主的方针，以科学的理论、翔实的论据努力回答大学生普遍关心的重大理论与实践问题，有针对性地解决大学生思想中的模糊认识和疑难问题，妥善处理、正确引导社会热点问题，增强实效性和主动性。三是提倡启发式、研究式和参与式教学，符合教育教学的规律和学习特点，深入实际，紧密结合大学生思想政治状况以及学习、生活与工作的新特点、新情况，不断改进教育教学方法、形式与内容，在教学中多用生动鲜活的实例、通俗易懂的语言活跃教学气氛，启发学生思考，“注意抓好读（原著）、听（专题报告）、讲（系统讲授）、谈（讨论交流）、看（录像）、走（社会实践）、写（调查报告、读书心得、学术论文）等教学环节，特别要重视发挥社会实践教育的作用和现代教育技术的作用，力争在教学方法和手段上有新的突破”②。四是积极运用互联网现代信息技术，拓展教育空间，丰富教育资源，组织开展各种形式的网

---

① 中共中央文献研究室编：《十七大以来重要文献选编》（上），中央文献出版社 2009 年版，第 449 页。

② 教育部社会科学司组编：《普通高校思想政治理论课文献选编（1949～2008）》，中国人民大学出版社 2008 年版，第 195 页。

上教学、讨论等，现代化的教学手段与传统教学方法相融合极大地提高了授课效率。“两课”的考核是采用多种考试方法综合考核大学生对所学内容的理解、应用，力争客观、全面反映大学生马克思主义理论素养和道德品质。

在学术研究与学科建设方面，哲学社会科学是专业学科，具有鲜明的意识形态属性，也是一门政治性、科学性和实践性很强的学科，其学科发展是改进“两课”教育教学的基础，对传播马克思主义，实现马克思主义中国化，推动改革开放和现代化建设，促进社会主义政治文明、物质文明和精神文明协调发展，引导全国各族人民树立有利于中国特色社会主义事业建设与发展的思想观念做出了重要贡献。哲学社会科学对大学生思想的影响更直接、深刻且长远，对帮助大学生坚定社会主义政治方向、确立正确的理想信念更是发挥着重要作用。改革开放以来，哲学社会科学事业繁荣发展，逐渐形成门类比较齐全的学科体系。但与时代发展的要求相比，哲学社会科学还有许多不适应的地方，加强哲学社会科学学科建设是一项重大而紧迫的战略任务。为迅速扭转马克思主义学科萎缩的趋势，用马克思主义最新成果占领学术阵地，高校和哲学社会科学研究机构加强了马克思主义研究和教学。“马克思主义理论”于2005年首次被国务院学位委员会、教育部设定为一级学科，“下设马克思主义基本原理、马克思主义发展史、马克思主义中国化研究、国外马克思主义研究、思想政治教育、中国近现代史基本问题六个二级学科，相应设立了一批博士点、硕士点”①。各高校高度重视“两课”的学科建设，纷纷建立思想政治理论课的专门机构，完善学科目录，健全学科设置，以马克思主义中国化最新成果为中心内容，完善、充实思想政治理论课的课程体系，充分体现社会主义的鲜明导向，进一步增强课程的针对性、实效性、吸引力和感染力。

在教材建设方面，“两课”教材建设是教学的关键环节，是提高思想政治理论课教学水平的重要前提，是推进马克思主义中国化理论成果进教材、进课堂、进头脑的重要载体。教材的编写必须坚持解放思想、实事求

---

① 中共中央文献研究室编：《十七大以来重要文献选编》(上)，中央文献出版社2009年版，第448～449页。

是、与时俱进，把坚持马克思主义原理与推进马克思主义中国化结合起来，赋予当代中国马克思主义盎然的生机。中宣部、教育部联合成立“高校思想政治理论课教材编写领导小组”，组建由多方面专家组成的“高校思想政治理论课教材编审委员会”，实行首席专家负责制，统一编写教学大纲和教材，出版则需要经中宣部、教育部和新闻出版总署批准。2005 年2 月 7 日，中共中央宣传部、教育部印发《关于进一步加强和改进高校思想政治理论课的意见》，对加强和改进“两课”进行全面部署，把新课程的教材编写纳入马克思主义理论研究和建设工程中。新教材在内容、形式等方面都有较大创新，更加贴近大学生的思想实际，回答了大学生关心的热点、难点问题。2006 年 9 月以后，4 本新教材(《马克思主义基本原理概论》《毛泽东思想、邓小平理论和“三个代表”重要思想概论》《思想道德修养与法律基础》《中国近现代史纲要》)陆续出版，全国 2000 多万大学生开始使用。根据《马克思主义理论研究和建设工程高校哲学社会科学重点编写教材总体规划》提出的教材编写指导思想、目标、规划与工作机制，高校分四批组织实施哲学社会科学重点教材的编写，“两课”教育教学状况呈现出良好的发展态势。

“形势与政策”课的教材以定期编写的教育宣讲提纲为主，常编常新，很快建立形势与政策教育资源库并实现资源共享。教育部每年制定两期《高校“形势与政策”课教学要点》作为教学参考资料，同时组织编写、制作《时事报告大学生版》和《时事》VCD 作为学习辅导资料。各高校可以结合本地本校的实际情况，编写自己的教学参考资料，并与其他高校加强协作与交流。

在师资队伍建设方面，政治可靠、业务精通、作风过硬、富有奉献精神的师资队伍具有强大的战斗力，“两课”教学需要建设一支坚持正确政治方向、学贯中西、理论功底扎实的马克思主义教学、科研骨干队伍，坚决抵制各种否定马克思主义的错误观点，从中国国情和实际出发，将马克思主义中国化的最新理论成果贯穿于教学活动中，积极推进理论创新，回答大学生普遍关注的、改革开放和现代化建设中的重大理论及实际问题，解疑释惑，统一思想，坚持“学术研究无禁区，课堂讲授有纪律”[①]，确保教学的正确导向。为加强师资队伍建设，教育部一是通过实施马克思主义理论研究和建设工程，培养马克思主义理论教学研究骨干力量，带领他们深入研究马克思主义发展史、马克思主义基本原理与理论，破除教条式理解，澄清被附加的错误观点，用科学的态度对待马克思主义，并用发展的马克思主义指导新实践。通过加深教师对党的理论、路线、方针、政策的理解，增进他们对党的感情，进一步激发对理论教学与科研工作的热情，提升专业水平与素养，尤其注重加强对中青年拔尖人才的培养。二是整合研究力量，优化资源配置，深化哲学社会科学教学改革、体制改革，建立、完善评价和激励机制，打造学术精品，推动研究成果。三是加强教师队伍思想道德建设和学风建设，教师个人首先要树立正确的世界观、人生观、价值观，坚持正确的政治方向，必须深入学习马克思主义立场、观点和方法，认真学习“三个代表”重要思想和科学发展观的时代背景、科学内涵、实践基础和精神实质，做到真懂、真信和真用，培养研究、解决新问题的科学态度和创新精神，同时坚持实事求是、严谨治学、民主求实的学风，做人、做事、做学问相一致，坚决抵制各种不正之风，真正做到为人师表。为加强科研与教学交流，教育部在高校及相关社会科学研究系统范围内有针对性地开展“‘三个代表’重要思想、马克思主义立场观点方法、职业精神和职业道德‘三项学习教育’活动”[②]和“精彩一课”等教学观摩、社会考察活动，并推进实现立体化教学，建立教育教学资料数据库，提升教师个人的专业教学水平。四是在中共中央宣传部会同有关部委的共同努力下，连续举办高校哲学社会科学教学科研骨干研修班，作为理论队伍建设的名牌项目，至2008年已顺利举办22期，培训2200多人，收到很好的效果，针对教学科研骨干、覆盖全国社会科学研究机构的研修培训格局正在逐步形成。同时，为密切与国家建设实践相结合，组织专家奔赴全国各地进行国情调研，并前往欧洲、印度和拉美等地进行专题考察，邀请国外知名学者

① 中共中央文献研究室编：《十七大以来重要文献选编》（中），中央文献出版社2009年版，第652页。

② 中共中央文献研究室编：《十七大以来重要文献选编》（上），中央文献出版社2009年版，第450页。

来华座谈交流，既加强了理论阵地建设，又团结和凝聚了广大理论工作者，促进了实际工作。此外，引入竞争机制，把学术造诣高、讲课水平高的专家学者吸引到教学第一线。2008年，教育部实施“高校思想政治理论课教师在职攻读马克思主义理论博士学位”专项计划，切实提高“两课”教师政治素质和专业水平，培养后备力量。

高校抓住教师职前培养教育、职后培训、职务聘任等关键环节，加强学风和学术道德教育，加强教书育人、为人师表教育，完善教师职业道德规范，建立科学有效的实施办法和评估体系。为提高教师的思想政治水平和授课能力，各高校持续推进建立、完善思想政治理论课教师队伍培训体系，采取脱产进修、名师指导、攻读学位、国内外学术交流等措施加强培训；组织骨干教师培训班、备课会、讲习会、研讨班和教学观摩等活动，加强学习与交流，帮助教师掌握教学基本要求，不断提高思想认识和理论水平以保证授课质量。高校不断完善思想政治教育工作队伍的选拔、培养、管理机制，按照“政治强、业务精、纪律严、作风正的要求”①，坚持专兼结合的原则，加强“两课”教师选聘配备工作，吸引、鼓励优秀人才加入，不断优化、充实思想政治教育工作队伍。合理核定专任教师编制，制定任职资格，完善激励机制和保障机制。有条件的专任思想政治工作干部和辅导员也承担一定的思想政治理论课教学任务，并不断拓宽教师来源渠道。“两课”教师与其他教职员工一起注重提高师德与业务水平，爱岗敬业，为人师表，以良好的思想政治素质和道德风范教育、影响学生，成为优秀的科学理论的宣讲者，成为优秀的社会主义意识形态、社会主义精神文明的传播者，成为优秀的促进大学生健康成长的指导者和引路人。

（二）社会实践教育与志愿服务活动

理论与实践相结合是马克思主义的基本原则，深入开展社会实践教育是加强改进大学生理想教育的重要环节。高校牢固树立实践育人的思想，不断探索社会实践与专业学习、服务社会、勤工助学、就业的结合，增

① 教育部社会科学司组编：《普通高校思想政治理论课文献选编(1949～2008)》，中国人民大学出版社2008年版，第208页。

进社会实践的活动效果。各高校将社会实践纳入学校教学总体规划，编入教学大纲，组织、引导大学生深入社会，了解国情与民意，奉献社会，增长才干，锻炼毅力，培养品格。社会实践的内容包括专业实习、社会调查、生产劳动、军政训练、勤工俭学及各种社会公益活动等。

随着改革开放的深化，青年志愿服务呈深化发展的趋势。一是国际化影响进一步扩大，联合国将2001年确定为“国际志愿者年”，外经贸部与共青团中央成立了“2001国际志愿者年委员会”，指导、规划和协调相关庆祝活动。2002年，中国青年志愿者海外服务计划实施，一大批优秀青年志愿者奔赴国外参加中长期志愿服务。北京奥运会、残奥会期间，大学生青年志愿者积极参与，提供了热情周到的服务，赢得国际国内广泛赞誉，与其他青年志愿者一起被外国媒体称赞为“鸟巢的一代”。二是青年志愿服务在国内也有了更深入的发展，志愿服务领域不断扩大，队伍不断壮大，体系日益健全，建设了一批重大志愿服务项目。例如，2003年，由共青团中央、教育部、财政部和人事部实施的“大学生志愿服务西部计划”，每年招募10000名高校应届毕业生前往西部贫困地区从事1～2年的志愿服务工作，支援西部教育、卫生、扶贫、农技、基层法律服务等；2005年3月，民政部成立“中国社会工作协会社区志愿者工作委员会”，组织青年志愿者在全国范围内展开科教、文体、法律、卫生“四进社区”活动；为贯彻落实党的十七届六中全会关于“深入开展学雷锋活动，采取措施推动学习活动常态化”的精神，各高校共青团组织开展多种形式的学雷锋志愿服务活动，弘扬、传承、践行雷锋精神；深入开展“我的中国梦”主题宣传教育活动；大学生“三下乡”社会实践活动经过多年的建设日趋成熟和完善；汶川地震、“非典”等重大时期，广大大学生青年志愿者积极参与灾区和后方的紧急救援，积极参与“百万青年志愿者助残行动”“维护社会治安志愿者筑城行动”“法律援助志愿者服务计划”等志愿者专项行动，参与环境保护志愿服务，为大型活动提供志愿服务等，更重要的是志愿服务组织和志愿服务法律建设得到重视，开始起步。

通过参与社会实践与志愿服务，引导大学生坚持学以致用，深入基层、深入群众、深入一线、深入西部、深入农村，知国情、看变化、受教育，在实践中学会做人、学会做事，到祖国最需要的地方砥砺品格，建功立业。

大学生不仅丰富了自己的人生经历，思想感情得到熏陶，道德境界得到升华，精神生活得到充实，对于社会发展、社会主义核心价值体系建设，国家精神文明建设也起到了巨大的推动作用。

（三）校园文化建设

良好的校园文化具有重要的育人功能，充分体现了社会主义特点、时代特征和学校特色，不断满足大学生日益增长的精神文化需求，潜移默化地影响他们的思想观念、价值取向和行为方式，形成优良的校风、学风和教风，为大学生提高素质、健康成长提供良好的文化环境。主要建设方式有：一是高校通过加强文化素质教育，开展丰富多彩、积极向上的学术、科技、艺术、体育和娱乐活动，把德育、智育、体育和美育教育有机结合起来，寓教育于文化活动中。二是结合重大事件和传统节庆日等，开展特色鲜明的主题教育活动。三是加强校园人文环境与自然环境的建设，不断完善校园文化活动设施，加强学校宣传文化阵地建设与管理，包括校园网络、校报、校刊和校内广播等宣传载体，杜绝错误观点和言论的传播，抵制各种有害文化和腐朽生活方式对大学生的侵蚀与影响。四是充分运用新媒体，加强新闻网站和主要教育网站建设，融思想性、知识性、趣味性和服务性为一体，开展各种形式的网上思想道德教育活动，使校园网成为加强教育的新阵地、传播先进文化的新渠道和全面服务大学生的新平台。校园网络信息管理综合运用技术、法律和行政手段，有效引导网上舆论，规范上网内容，加强网上网下宣传，唱响主旋律，掌握网上教育主动权，创造良好的网络文化氛围，让健康的文化信息资源通过网络进入校园，保证信息获取的便捷性和规范性。五是全社会都关心大学生的健康成长，根据青年大学生的特点与需求，积极创作、编辑、出版并推荐知识性、科学性、趣味性强的图书、报刊、音像制品和电子出版物等，为大学生提供丰富的精神食粮；同时，通过优秀影片、歌曲和图书的展映、展播、展览工作，使大学生在学习娱乐中受到先进思想文化的熏陶，营造良好的社会舆论氛围。文化部门和艺术团体积极推进高雅文化进校园活动，提高大学生艺术修养，丰富校园文化。各级党委与政府为高校创建良好的育人环境，加强各类博物馆、展览馆、烈士陵园、纪念馆等爱国主义教育基地建设，加强对学校周边商业经营、文化、娱乐活动的管理。

(四)高校思想政治工作制度与队伍的建设与发展

高校是大学生思想政治教育的主阵地、主课堂和主渠道，按照党中央的要求，把大学生思想政治教育摆在学校各项工作的首位，全面部署，树立政治意识、大局意识和责任意识，统筹规划，从整体上推进大学生思想政治教育。全校教职员工共同负责，尤其是学校各级党政干部、共青团干部、“两课”教师、哲学社会科学教师、辅导员、班主任等，是思想政治教育的骨干力量，他们工作在思想政治教育第一线，与大学生朝夕相处，对大学生成长成才影响很大，作用不可替代。学校党政干部、共青团干部负责教育的组织与实施；“两课”教师与哲学社会科学教师负责思想理论教育、人文素质教育和思想品德教育；辅导员和班主任作为骨干力量，有针对性地开展教育活动，对大学生在思想、学习和生活等方面进行指导。

高校加强大学生理想教育注重发挥好三个优势，即“发挥好党的政治和组织优势，共青团在教育、团结和联系大学生方面的优势，学生会、班级、社团在实现大学生自我教育、自我管理、自我服务方面的优势”①。党团组织和学生组织体系完整、覆盖面广、联系密切，方法灵活，内容生动，在教育中有明显的优势。一是在各级党团组织领导下，全体团员青年坚持开展“三个代表”重要思想和科学发展观学习教育活动，理念上尊重大学生的主体意识，方式上强调与大学生积极互动，内容上根据不同层次的不同要求采取不同的办法，增强了大学生学习科学理论的自觉性和坚定性。二是加强班级、年级党团组织和学生组织建设，教育引导优秀大学生确立马克思主义坚定理想信念，树立共产主义远大理想，实现本科学生“低年级有党员、高年级有党支部”②的目标，建设理想教育的坚强堡垒。三是加强基层团支部建设，发挥共青团组织在教育、团结和联系大学生方面的优势，通过丰富多彩的教育活动，为大学生成长成才服务。四是充分

① 中共中央文献研究室编：《十六大以来重要文献选编》(中)，中央文献出版社 2011 年版，第 650 页。

② 中共中央文献研究室编：《十六大以来重要文献选编》(中)，中央文献出版社 2011 年版，第 654 页。

发挥学生会、研究生会的桥梁和纽带作用，引导大学生“自我教育、自我管理、自我服务”。

三、开创中国特色社会主义事业新局面阶段高校理想教育的特点

进入21世纪，世界多极化、经济全球化在曲折中发展，和平与发展仍然是当今时代的主题，但霸权主义、强权政治有新的表现，西方敌对势力从没放弃对我们实施西化、分化的政治阴谋。同时，我国正处在并将长期处在社会主义初级阶段，随着改革开放不断推进，各种文化相互激荡，社会思想空前活跃，社会意识出现多样化趋势。这一时期既是高校理想教育发展机遇期，又是矛盾凸显期，热点、难点问题增多。一方面，对外开放的进一步扩大，为广大青年大学生了解世界、增长知识、开阔视野提供了更加有利的条件，但国际敌对势力也利用各种途径加紧对大学生进行思想文化渗透，加快了与我们争夺接班人的步伐，某些腐朽的生活方式对大学生的影响也不能低估，没有硝烟的战斗日趋尖锐和复杂，大学生面临西方文化思潮和价值观念的冲击。另一方面，达赖集团分裂势力、“东突”分裂势力、“法轮功”邪教组织、“民运”、“台独”等敌对势力境内外合流，利用互联网、宗教活动、非政府组织等形式和渠道，集中攻击我国基本政治制度、司法制度等，插手人民内部矛盾与群体性事件，颠倒黑白，蛊惑人心，煽动对党和政府的不满，甚至“打砸抢烧”制造暴力犯罪，成为西方敌对势力对我进行“西化”“分化”的政治工具。此外，学校教育还存在重智育轻德育、重课堂教学轻社会实践的现象，这些都难免会给大学生健康成长带来一定的负面影响，一些大学生不同程度地存在政治信仰迷失、理想信念模糊、社会责任感缺乏、价值取向扭曲、诚信意识淡薄、团结协作观念较差、艰苦奋斗精神淡化、心理素质欠佳等问题。因此，意识形态领域的斗争是长期复杂的，有时甚至是尖锐的，坚持和巩固马克思主义在意识形态领域的指导地位是必须认真解决的重大课题。大学生是国家宝贵的人才资源，加强和改进大学生思想政治教育，提高大学生思想政治素质，对于全面实施科教兴国和人才强国战略，加快推进社会主义现代化建设，确保中国特色社会主义事业繁荣昌盛、后继有人，具有重大而深远的战略意

义。我国高等教育统一思想、凝聚力量的任务在新的时期更加繁重，理想教育的目标更加明确，而且不断深化，主要有以下两个特点。

（一）凸显理想信念教育在思想政治教育工作中的核心作用

发展是党执政兴国的第一要务，必须坚持以经济建设为中心，进一步坚持并深化改革，不断探索促进先进生产力和先进文化发展的新途径。发展“必须尊重劳动、尊重知识、尊重人才、尊重创造”①，江泽民总书记在党的十六大报告中提出：“坚持物质文明和精神文明两手抓，实行依法治国和以德治国相结合。社会主义精神文明是中国特色社会主义的重要特征。”②社会主义物质文明、政治文明和精神文明的协调发展，是全面建设小康社会的必然要求。社会主义精神文明建设是建设中国特色社会主义的重要目标和重要保证，随着市场经济的深入发展，社会主义精神文明的建设任务非常繁重。市场经济促进生产力的发展，其自身的弱点和消极方面也会反映到人民的精神生活中来，涉及群众利益的矛盾也呈现出新的特点，社会上存在道德失范、诚信缺失等现象，封建迷信、邪教、“黄赌毒”等丑恶现象有所抬头，拜金主义、享乐主义、极端个人主义滋长，一些成年人的价值观发生扭曲。人民群众的精神文化需求迅速增长，但这一时期能够提供的文化产品和文化服务，在数量和质量上都远不能满足人民群众不断增长的文化需要。建设社会主义精神文明是一项长期而艰巨的任务，必须全力以赴建立并发展与社会主义市场经济体制相适应的社会主义思想道德体系，维护稳定，以更好地将全国各族人民的意志、力量凝聚起来。加强精神文明建设，将大力弘扬和培育民族精神作为重要任务，激发民族志气，弘扬社会正气。思想道德建设是精神文明建设的中心环节，青少年思想道德建设是重点。思想政治工作的核心是理想信念教育，基础是思想道德建设。高校紧密结合我国全面建设小康社会的实践，坚持教书与育人相结合，育人为本，德育为先，把理想教育放在首要位置，

---

① 中共中央文献研究室编：《十六大以来重要文献选编》（上），中央文献出版社 2011 年版，第 12 页。

② 中共中央文献研究室编：《十六大以来重要文献选编》（上），中央文献出版社 2011 年版，第 7 页。

把立德树人作为教育的根本任务，坚持把理想教育工作置于全面素质教育的首要位置，深入进行爱国主义、集体主义、社会主义和中华民族文化与精神教育，加强公民道德教育。

在党中央的领导下，全国进一步加强精神文明建设，深化文化体制改革，坚持正确导向，弘扬社会正气，积极发展文化事业和文化产业，坚持为社会主义服务，坚持为人民服务，广泛开展群众性精神文明创建活动和形式多样的社会实践、道德实践活动，坚持贴近实际、贴近生活、贴近群众，坚持"百花齐放，百家争鸣"的方针，弘扬主旋律，提倡多样化，进一步繁荣社会主义先进文化，创造更多更好的适应青年与人民群众需求的优秀文化产品，创作和展映、展播一大批优秀作品，不断满足人民群众日益增长的精神文化需求，充分发挥文化启迪思想、传授知识、陶冶情操、鼓舞人心的积极作用，坚决抵制腐朽文化，提高全民族的科学文化素质，促进人的全面发展。社会主义精神文明建设为改革开放和社会主义现代化建设提供思想保证、精神动力和舆论支持。社会主义文化事业的繁荣与发展，为创造有利于大学生健康成长的良好舆论氛围和社会环境起着重要推动作用。

（二）理想教育贯彻以人为本的思想向纵深发展

这一时期的高校理想教育认真贯彻"三个代表"重要思想和科学发展观，坚持以人为本的思想，"坚持教书与育人相结合，教育与自我教育相结合，政治理论教育与社会实践相结合，解决思想问题与解决实际问题相结合，教育与管理相结合，继承优良传统与改进创新相结合"[①]。以人为本是党的宗旨的集中体现，坚持以人为本，把大学生的根本利益作为一切教育工作的出发点和落脚点，只有坚持满足大学生成长成才的需求，努力实现好、维护好、发展好大学生的根本利益，才能最大限度地激发大学生的爱国热情与奋发向上的斗志，实现大学生的全面发展，才能将大学生培养成社会主义建设事业的合格建设者和可靠接班人。高校理想教育适应不

① 中共中央文献研究室编:《十六大以来重要文献选编》(中)，中央文献出版社 2011 年版，第 649 页。

断发展变化的客观实际，增强时代感，不断探索、把握大学生的规律，根据生理、心理和思想等特点，抓住影响理想形成、发展的关键环节，确定教育内容与方法，循序渐进，因势利导，深入浅出，寓教于乐，润物无声，真正做到入耳、入脑、入心。

高校理想教育注重人文关怀和心理疏导，坚持解决大学生的思想问题与解决实际问题相结合，将教育与服务结合起来，既以理服人，更以情感人，增强教育效果。教育工作着眼于促进大学生的全面发展和满足大学生不断增长的精神需求，从大学生的思想实际出发，尊重成长规律与心理特点，创造丰富多样的教育形式和新的有效载体，强化德育的实践环节。通过开展深入细致的思想政治工作，加强思想政治教育与解决实际问题相结合，贴近实际、贴近生活、贴近学生，关注大学生个体情况，帮助其解决实际困难，力戒形式主义，增强工作的针对性和实效性，不断提高工作水平，为大学生健康成长创造良好的条件。高校思想政治教育工作人员不断改进工作作风，从日常管理事务入手，做好贫困家庭大学生资助工作、日常管理和服务工作(解决大学生对学习、生活、文体活动等方面的合理需求)、毕业生就业服务指导工作、心理健康咨询和教育等，在科学严格的管理和细致入微的服务中增强教育的实效，同时也充分调动大学生的积极性和主动性，引导他们完成自我教育、自我管理和自我服务。高校以大学生全面发展为目标，按照“教书育人，育人为本，德智体美，德育为先”①的要求，把理想教育贯穿到学校教育教学和管理工作的全过程，融入学校课堂教学、学生管理和学生生活的各个环节，在管理过程中充分体现育人导向，把严格日常管理与为大学生办实事、办好事结合起来，用优质的服务教育、感染学生，引导其遵纪守法，养成良好的行为习惯。此外，加强各级党委和高校的领导建设，做到健全领导体制和工作机制，将家庭教育与社会教育、学校教育紧密结合，构建家庭、社会、学校一体的教育网络。

---

① 中共中央文献研究室编:《十六大以来重要文献选编》(下)，中央文献出版社 2011 年版，第 28 页。

第六章　党的十八大以来高校理想教育

2012年，中国共产党第十八次全国代表大会在北京胜利召开，推出一系列重大战略举措，出台了一系列方针政策，对国家发展进行顶层设计和战略部署，全国各族人民团结一心，全面贯彻落实习近平总书记系列重要讲话精神。在党中央治国理政新理念、新思想、新战略的指引下，我国在内政外交、国计民生等领域取得了一系列可喜成就，一个自信的、充满生机活力的、强大的中国再次成为世界瞩目的焦点。在这样的背景下，高校思想政治教育得到了前所未有的发展。党的十八大以来的高校理想教育是更加坚定、更具中国特色社会主义属性的理想教育，其主要内容为教育引导大学生坚持中国共产党领导，提高思想水平和政治觉悟，积极培育和践行社会主义核心价值观，抓住时代机遇，肩负时代重任，为实现"两个一百年"奋斗目标、实现中华民族伟大复兴的中国梦而努力奋斗。这一时期高校理想教育在巩固前期成果中不断深化发展，不断提升科学化、规范化建设水平，思想政治理论课得到创新发展；不断加强网络思想政治教育，打造体现新时代精神、社会主义性质的校园文化，大学生心理健康教育也进入科学发展阶段。

一、党的十八大以来高校理想教育的主要内容

党的十八大提出："把立德树人作为教育的根本任务，培养德智体美

全面发展的社会主义建设者和接班人。”[①]习近平总书记围绕“培养社会主义建设者和接班人”作出一系列重要论述，深刻回答了高校培养什么样的人、如何培养人以及为谁培养人这个根本问题，并明确提出“培养德智体美全面发展的社会主义建设者和接班人”[②]，这是对高校思想政治教育特别是理想教育提出的明确目标和方向。习近平总书记非常关心广大青年的教育与成长，党的十八大以来多次用考察、回信等方式寄语青年一代，如“青年兴则国家兴，青年强则国家强”[③]，“人生的扣子从一开始就要扣好”[④]，“好儿女志在四方，有志者奋斗无悔”[⑤]，“保持初生牛犊不怕虎的劲头”[⑥]，“广大青年既是追梦者，也是圆梦人”[⑦]，“没有理想信念，就会导致精神上‘缺钙’”[⑧]，等等，鼓励青年追求梦想、努力奋斗。中国特色社会主义建设事业中，青年大学生必将大有可为，必定要勇敢肩负起时代赋予的重任，以实现中华民族伟大复兴为己任，不辜负党的期望、人民的期待、民族的重托，不辜负这个伟大时代。习近平总书记指出：“有信念、有理想、有奋斗、有奉献的人生，才是有意义的人生。”[⑨]这一时期的高校理想教育是更加坚定、更具中国特色社会主义属性的理想教育，其主要内容为教育引导大学生坚持中国共产党领导，同人民一道，抓住时代机遇，肩负时代重任，为实现“两个一百年”奋斗目标、实现中华民族伟大复兴的中国梦而奋斗。中国梦是党的十八大以来习近平总书记提出的重要指导思想和重要执政理念，把中国梦定义为“实现中华民族伟大复兴，就是中华民族近代以来最伟大梦想”，中国梦的核心目标也可以概括为“两个一百年”

---

① 中共中央文献研究室编：《十八大以来重要文献选编》(上)，中央文献出版社 2014 年版，第 27 页。

② 《习近平谈治国理政》第 3 卷，外文出版社 2020 年版，第 36 页。

③ 《习近平谈治国理政》第 1 卷，外文出版社 2018 年版，第 24 页。

④ 习近平：《青年要自觉践行社会主义核心价值观——在北京大学师生座谈会上的讲话》，人民出版社 2014 年版，第 9 页。

⑤ 习近平：《给河北保定学院西部支教毕业生群体代表的回信》，《人民日报》2014 年 5 月 4 日。

⑥ 习近平：《在知识分子、劳动模范、青年代表座谈会上的讲话》，《人民日报》2016 年 4 月 30 日。

⑦ 习近平：《在北京大学师生座谈会上的讲话》，《人民日报》2018 年 5 月 3 日。

⑧ 中共中央文献研究室编：《十八大以来重要文献选编》(上)，中央文献出版社 2014 年版，第 278 页。

⑨ 习近平：《青年要自觉践行社会主义核心价值观》，《光明日报》2014 年 5 月 5 日。

目标。2017 年 10 月 18 日，习近平总书记在党的十九大报告中指出，实现中华民族伟大复兴是近代以来中华民族最伟大的梦想。中国梦关乎着中国未来的发展方向，凝聚了几代中国人的夙愿，中国梦归根到底是人民的梦，每个中国人都是中国梦的参与者、创造者。党的十八大以来，高校理想教育以培养担当民族复兴大任的时代新人为目标，全面创新发展，进入崭新阶段，教育的主要内容包括以下几方面。

（一）教育引导四个“正确认识”，提高大学生的思想水平和政治觉悟

这一时期高校思想政治教育的首要任务是教育引导大学生科学认识当今世界和中国发展的大势，即人类社会发展的历史必然性和中国特色社会主义的历史必然性，在正确认识和把握世界和中国发展大势的基础上才能树立共产主义远大理想和中国特色社会主义共同理想并为之奋斗。习近平总书记在全国高校思想政治工作会议上指出，要教育引导学生正确认识世界和中国发展大势，正确认识中国特色和国际比较，正确认识时代责任和历史使命，正确认识远大抱负和脚踏实地。四个“正确认识”是一个有机整体，层层递进、环环相扣，构成高校思想政治工作的新内容和着力点。

其中，正确认识世界和中国发展大势至关重要。马克思、恩格斯经过艰辛的理论研究与革命实践，科学地揭示了人类社会发展的一般规律和资本主义生产方式的特殊规律，提出了资本主义必然灭亡、社会主义必然胜利的“两个必然”科学结论，一百多年来的社会主义运动的曲折发展、开拓创新的前进轨迹也以毋庸置疑的事实证明“两个必然”仍然是当今世界发展的大趋势。中国共产党把马克思主义理论与中国实际相结合，带领全国各族人民奋发图强、砥砺前行，进行了社会主义建设的探索和实践，取得了举世瞩目的伟大成就，再次用铁的事实印证了“两个必然”的科学性。大学生必须正确认识世界和中国发展大势，厘清人类社会发展规律，辩证地看待社会形态更替变化的必然性和趋势，只有正确认识和把握中国特色社会主义的历史必然性，才能树立为共产主义远大理想和中国特色社会主义共同理想而奋斗的信念和信心。

正确认识中国特色和国际比较是基础。深入理解中国特色首先要全面客观地认识中国和了解世界,不同的国情、历史、文化构成不同的发展道路,马克思主义普遍真理与中国的具体实际相结合走出适合中国的中国特色社会主义道路,大学生必须深刻认识中国特色是"特"在道路、理论体系、制度、实现途径、根本保障等方面,在国际对比中有独特的优势。中国特色社会主义道路是在错综复杂的国际形势下不断开拓的,只有清醒认识国际发展变化的新情况、新特色,才能理性认识当前形势的主流及我国面临的历史性发展机遇,增强信心;才能充分认识到国际形势的复杂性、多变性、不可预测性,把握全局发展趋势、应对挑战,为社会主义建设开辟最有利、最有效的前进道路。

正确认识时代责任和历史使命是关键。大学生是社会主义事业的继承者和建设者,责任意识和担当精神是大学生必须具备的思想政治素质、道德品质。习近平总书记在考察中国政法大学时指出:"当代青年要树立与这个时代主题同心同向的理想信念,勇于担当这个时代赋予的历史责任。"①中国梦是民族梦,也是个人成长梦,个人只有在社会变革进步的时代潮流中,把个人的命运同祖国和民族的前途命运紧密联系起来,才能最大限度地实现个人价值与社会价值的同频共振。大学生应积极回应国家和社会的需求,抓住历史机遇,自觉增强时代新人的历史责任感、使命感和紧迫感,勇做走在时代前列的奋进者、开拓者,把实现个人价值和社会价值统一于实现中国梦的伟大实践中,谱写最美丽的青春篇章。

正确认识远大抱负和脚踏实地是根本。爱国报国既源于情感,更是大学生时刻肩负的历史使命,在实现中华民族伟大复兴中国梦的历史征程中,脚踏实地方能行稳致远,艰苦奋斗、顽强拼搏是实现远大理想的基础和条件。这就要求大学生勤思笃学,注重实践,敢于拼搏,珍惜韶华,以梦为马,在精神上保持脚踏实地、坚韧不拔、奋发向上的精神风貌,注重锤炼意志品格;在物质上养成吃苦耐劳、艰苦朴素的生活作风;认真投入学习,打牢专业知识基础,构建完善的知识体系,在正确认识的基础上将理论切实落实到行动中,让勤奋学习成为青春搏击的能量,为实现中华民族

---

① 中共中央组织部党建研究所编:《党的建设大事记》,党建读物出版社 2018 年版,第 515 页。

伟大复兴的中国梦贡献力量。

“四个‘正确认识’从国际到国内、从中国到世界、从历史到现实、从理想到实践的内在逻辑体系本身就体现了马克思主义认识论的整体性和科学性，是巩固马克思主义在意识形态领域的指导地位，巩固全党全国人民团结奋斗的共同思想基础的固本工程。”①四个“正确认识”是这一时期我国高校做好思想政治工作的新要求和着力点，直接为“高校培养什么样的人、如何培养人、为谁培养人”这个根本问题指明了方向。高校理想教育必须以四个“正确认识”为指导目标，切实贯彻高校思想政治教育的战略要求，探寻教育规律，创新教育方式，积极推进立德树人的根本任务。

（二）积极培育和践行社会主义核心价值观

我国正处在大发展大变革大调整时期，国际国内形势复杂多变，意识形态领域斗争空前复杂。改革开放以来，我国社会主义意识形态建设不断进行新的探索，巩固马克思主义在意识形态领域的指导地位，继承和发展我国古代知耻文化传统和当代社会主义思想道德建设中知荣弃耻、褒荣贬耻的思想，同时赋予其新的时代内涵。2006 年 3 月，胡锦涛总书记提出社会主义荣辱观。2006 年 10 月，党的十六届六中全会第一次明确提出“建设社会主义核心价值体系”的重大命题和战略任务。2007 年 10 月，党的十七大进一步指出：“社会主义核心价值体系是社会主义意识形态的本质体现。”②2012 年 11 月，党的十八大提出，倡导富强、民主、文明、和谐，倡导自由、平等、公正、法治，倡导爱国、敬业、诚信、友善，积极培育和践行社会主义核心价值观。2013 年 12 月 23 日，中共中央办公厅印发的《关于培育和践行社会主义核心价值观的意见》提出，把培育和践行社会主义核心价值观融入国民教育全过程，把培育和践行社会主义核心价值观落实到经济发展实践和社会治理中。社会主义核心价值观是“社会主义核心价值体系的内核，体现社会主义核心价值体系的根本性质和基本

① 潘懿、张晶：《以“四个正确认识”为指导推动高校思想政治工作创新发展的思考》，《东北师大学报》（哲学社会科学版）2019 年第 2 期。

② 中共中央文献研究室编：《十七大以来重要文献选编》（上），中央文献出版社 2009 年版，第 26 页。

特征，反映社会主义核心价值体系的丰富内涵和实践要求，是社会主义核心价值体系的高度凝练和集中表达”[①]。2017 年 10 月 18 日，习近平总书记在党的十九大报告中指出，要培育和践行社会主义核心价值观。“要以培养担当民族复兴大任的时代新人为着眼点，强化教育引导、实践养成、制度保障，发挥社会主义核心价值观对国民教育、精神文明创建、精神文化产品创作生产传播的引领作用，把社会主义核心价值观融入社会发展各方面，转化为人们的情感认同和行为习惯。”[②]

在新的历史起点上，大学生肩负着建设社会主义现代化强国、实现中华民族伟大复兴的历史使命，加强社会主义核心价值观的培育是历史发展的必然要求，也是人才培养的必然要求。大学生是社会中最活跃的一个群体，价值观正在形成阶段，扣好人生的第一粒扣子十分重要，“青年要从现在做起、从自己做起，使社会主义核心价值观成为自己的基本遵循，并身体力行将其推广到全社会去”[③]。高校通过培育和践行社会主义核心价值观引导大学生形成健全的人格，引导大学生修身养性形成良好的道德品质。社会主义核心价值观的培育和践行贵在知行统一，知是前提基础，只有从思想上明晰、真心认同才能内化为个人的精神追求，从而外化为自觉行动。大学生要做到“牢牢把握富强、民主、文明、和谐作为国家层面的价值目标，深刻理解自由、平等、公正、法治作为社会层面的价值取向，自觉遵守爱国、敬业、诚信、友善作为公民层面的价值准则”[④]。国家层面的价值目标为富强、民主、文明、和谐，是社会主义核心价值观的首要层面，是我国社会主义现代化建设的目标。社会层面的价值取向为自由、平等、公正、法治，是社会主义核心价值观的重要内核。公民个人层面的价值准则为爱国、敬业、诚信、友善，是社会主义核心价值观的坚实基础。

---

① 中共中央文献研究室编:《十八大以来重要文献选编》(上)，中央文献出版社 2014 年版，第 578 页。

② 习近平:《决胜全面建成小康社会 夺取新时代中国特色社会主义伟大胜利——在中国共产党第十九次全国代表大会上的报告》，人民出版社 2017 年版，第 26 页。

③ 中共中央文献研究室编:《十八大以来重要文献选编》(中)，中央文献出版社 2016 年版，第 6 页。

④ 刘云山:《着力培育和践行社会主义核心价值观》，2014 年 1 月 30 日，http://theory.people.com.cn/n/2014/0130/c83848-24267760.html。

这三个层面的价值观相互支持、相互渗透，共同构成一套价值体系，概括回答了要建设什么样的国家、建设什么样的社会、培育什么样的公民的问题。一个社会的价值观最终是通过无数社会成员的认同与践行体现出来，国家富强、民族振兴、人民幸福的中国梦，向每一个中国公民都提出了爱国、敬业、诚信、友善的道德要求，大学生作为社会的一员，应当更加注重公民道德素质的提升。

爱国是基本的政治操守，爱国主义是中华民族的优良传统和民族精神的核心内容，大学生弘扬爱国主义精神要把爱国真正放在心中，维护国家的主权、统一和尊严，维护改革发展稳定的大局；树立民族自尊心和自豪感，坚定中国特色社会主义道路自信、理论自信、制度自信、文化自信；始终把祖国和人民放在心中，坚持求真务实的科学精神和团结协作、艰苦奋斗、脚踏实地的作风，刻苦学习，取得优异成绩，为国家发展、人民幸福做贡献。

敬业是社会主义核心价值观的经济基础，爱岗敬业是职业道德的基础和核心。大学生的敬业精神培育是为未来的职业活动做准备。首先，要把自身与将来的发展事业融为一体，培育强烈的荣誉感和高尚的职业尊严感，并具备高度的主人翁意识、为人民服务的观念。其次，大学生要发扬艰苦奋斗的优良传统，发挥主观能动性和创新精神，不怕吃苦、敢于质疑、敢于创造，摒弃浮躁、功利、自傲、娇气等不良习气，顽强拼搏，脚踏实地，虚心请教，实现知识、能力、素质协调发展，进而通过未来的职业活动推动社会的发展进步。

诚信、友善是社会主义核心价值观的道德基础。诚信是为人之本、处世之本，大学生应当具有诚实守信的人格魅力，表里如一、知行合一、实事求是，弘扬“真善美”、搏击“假恶丑”，完善健康人格，积极引导社会风尚。友善是指人与人亲近和睦，大学生要团结互助，善待自然，对他人、对社会宽容，养成与人为善的道德情操，建立和谐的人际关系，营造家庭和睦、社会安定的氛围，引导社会形成齐心向上的合力。诚信做人、友善待人有利于社会层面的公正、法治和国家层面的文明、和谐。

社会主义核心价值观对大学生成长成才有积极的引导作用，指导着思想政治教育的重要方向，社会主义核心价值观丰富了理想教育的理论内容，澄清了教育的实践路径，阐明了国家需要什么样的大学生，主张培养具有良好道德修养和正确价值观的大学生，大学生应自觉、高标准地践行社会主义核心价值观，从身边做起，从我做起，学好本领，积极参加力所能及的社会实践活动，提高自身道德修养，走在时代前列，从而促进形成健康的社会风尚，净化社会风气，升华全民族的精神气质，为建设社会主义现代化强国打下坚实的基础，在为中国特色社会主义伟大事业贡献力量的过程中实现自己的人生价值。

（三）深入推进“中国梦”教育

2012 年 11 月 29 日，习近平总书记到国家博物馆参观“复兴之路”展览时发表讲话，指出：实现中华民族伟大复兴就是中华民族近代以来最伟大的梦想，这个梦一定能实现。

2013 年“五四”青年节，习近平总书记在同各界优秀青年代表座谈时指出：“要为每个青少年播种梦想、点燃梦想，让更多青少年敢于有梦、勇于追梦、勤于圆梦，让每个青少年都为实现中国梦增添强大青春能量。要用‘中国梦’打牢广大青少年的共同思想基础，教育和帮助青少年树立正确的世界观、人生观、价值观，永远热爱我们伟大的祖国，永远热爱我们伟大的人民，永远热爱我们伟大的中华民族，坚定跟着党走中国道路。”①“‘中国梦’包含了理想信念、价值追求、国家认同、社会责任等丰富内容，具有深厚的社会意识形态属性，已成为一种文化政治符号，是催人奋进的时代号角，是激励人、教育人的强大精神力量。”②中国梦教育本质就是理想信念教育，也是增强大学生理想信念的精神动力。中国梦不是一般意义上的梦想，是中华民族万众一心、努力奋斗的共同理想，是神圣的国家意志、民族意志，引领着社会发展的方向，已经成为人民群众的思想共识和具体行动。中国梦记录着中华民族从饱受屈辱到独立解放、快速发展的非凡历史，近代中华民族饱受屈辱和磨难，沦为半殖民地半封建社会，无数仁人志士上下求索、探寻革命抗争之路，直到“十月革命一声炮响，给

① 中共中央文献研究室编：《十八大以来重要文献选编》（上），中央文献出版社 2014 年版，第 281 页。

② 肖蓉：《“中国梦”的精神内涵及动力激发》，《高教学刊》2018 年第 6 期。

我们送来了马克思列宁主义"[1]，中国共产党的诞生和奋斗把中国从黑暗引向了光明，中华民族最终找到了由中国共产党带领人民寻求民族解放、实现民族富强的人间正道。当下，中国梦的具体实现形式就是建设中国特色社会主义，把我国建设成为富强、民主、文明、和谐的社会主义现代化国家，实现社会主义现代化和中华民族伟大复兴，这是当代中国最大的政治任务。改革开放以来的实践充分证明，中国的发展道路是符合中国实际的，"中华民族对于中国特色社会主义道路、中国特色社会主义理论体系、中国特色社会主义制度的道路自信、理论自信、制度自信更加坚定，这是中国梦能够实现的根本动力所在"[2]。同时，大学生应当清醒地认识到中国梦的实现道路并不平坦，一代又一代中华民族的优秀儿女为之牺牲、为之探索、为之奋斗，无数英烈们的鲜血染红了五星红旗，无数的共产党员、先进模范为社会主义建设呕心沥血、无私奉献、开拓进取，为建设一个繁荣昌盛、人民当家作主的社会主义现代化国家而奋斗。中华民族的伟大复兴绝不是轻轻松松、敲锣打鼓就能实现的，我们必须准备付出更为艰巨、更为艰苦的努力。习近平总书记指出，实现伟大梦想，必须进行伟大斗争、建设伟大工程、推进伟大事业，应对国内外各种风险和考验。更重要的是，当代大学生全程参与"两个一百年"奋斗目标的实现，是有理想、有担当的一代新人，青年梦与国家梦同心同向。习近平总书记 2019 年考察南开大学时，寄语南开师生要怀着远大目标，脚踏实地，仰望星空，为中华民族伟大复兴作出历史贡献。大学生从心底里认同国家好、民族好，自己才会好，把人生融入中国梦之中，无论面对什么样的挑战和困难都能把中国梦视为个人梦、家族梦、民族梦的最高境界和最高追求。大学生在成长过程中必须坚定理想信念，把理想信念付诸艰苦奋斗的实践，踊跃投身于中国特色社会主义伟大建设事业，敢于有梦、勇于追梦、勤于圆梦，在中国共产党的领导下成就中华民族伟大复兴的光荣和梦想。

---

① 《毛泽东选集》第 4 卷，人民出版社 1991 年版，第 1356 页。

② 公茂虹：《解读中国梦》，2013 年 1 月 4 日，http://theory.people.com.cn/n/2013/0104/c40531-20084833.html。

二、党的十八大以来高校理想教育的途径

党的十八大以来，党和国家持续高度重视大学生思想政治教育，高校理想教育迎来空前的发展。这一时期的高校理想教育继续发扬优良传统，并根据新情况、新问题和新形势积极探索新途径、新方式，努力提高人才培养水平，其教育途径主要包括创新发展高校思想政治理论课、加强网络思想政治教育、打造体现新时代精神、社会主义性质的校园文化、科学推进大学生心理健康教育以及促进高校辅导员队伍建设新发展等。

（一）高校思想政治理论课创新发展

思想政治理论课是巩固马克思主义在高校意识形态领域的指导地位、坚持社会主义办学方向的重要阵地，是落实立德树人根本任务的主干渠道，是进行社会主义核心价值观教育、帮助大学生树立正确世界观人生观价值观的核心课程，也是大学生理想教育的主渠道和主阵地。习近平总书记在主持召开全国学校思想政治理论课教师座谈会时明确指出，“思想政治理论课是落实立德树人根本任务的关键课程”，“我们办中国特色社会主义教育，就是要理直气壮开好思政课，用新时代中国特色社会主义思想铸魂育人”①，为推进新时代思想政治理论课改革创新提供了思想指引。教育部部长陈宝生指出，高校思想政治理论课“要打好质量和水平的攻坚战，包括在思路、师资、教材、教法、机制五个方面的攻坚，把‘入脑’‘入心’作为重要隐性指标，突出‘教材、教师、教学’三个关键环节，提升学生满意度”②。党的十八大以来，各部门和各高校认真实施新课程方案，采取了一系列重大举措，全面加强和改进思想政治理论课，多措并举，整体推进思想政治理论课改革创新，深入推进中国特色社会主义理论体系进教材、进课堂、进学生头脑，思想政治理论课课程和教材建设进一步规范，教师队伍综合素质不断提高，课堂秩序和教学效果明显改善，大学生

---

① 《习近平谈治国理政》第 3 卷，外文出版社 2020 年版，第 329 页。

② 陈宝生：《高校思政课要打好质量攻坚战，“入脑入心”将作指标》，《陕西教育》（综合版）2017 年第 5 期。

学习兴趣和满意程度得到提升，思想政治理论课建设的良好局面已经形成，为加强和改进大学生思想政治教育、维护高校改革发展稳定大局做出了重要贡献。①

在课程设置方面，根据教育部 2018 年 4 月印发的《新时代高校思想政治理论课教学工作基本要求》，各高校要把高校思政课教学工作摆在更加突出的位置，坚持正确的政治方向，强化思想政治理论课的价值引领功能，教学坚持全流程管理、规范化建设，增强大学生的获得感。本科生思想政治理论课包括“马克思主义基本原理概论”(3 学分)、“毛泽东思想和中国特色社会主义理论体系概论”(5 学分)、“中国近现代史纲要”(3 学分)、“思想道德修养与法律基础”(3 学分)、“形势与政策”(2 学分)。专科生思想政治理论课包括“毛泽东思想和中国特色社会主义理论体系概论”(4 学分)、“思想道德修养与法律基础”(3 学分)、“形势与政策”(1 学分)。从本科思想政治理论课现有学分中划出 2 个学分、从专科思想政治理论课现有学分中划出 1 个学分，开展本专科思想政治理论课实践教学。硕士研究生开设“中国特色社会主义理论与实践研究”(2 学分)课，同时须从“自然辩证法概论”和“马克思主义与社会科学方法论”中选择 1 门作为选修课程，占 1 学分。博士研究生开设“中国马克思主义与当代”课(2 学分)，同时可开设“马克思恩格斯列宁经典著作选读”课。鼓励各地各高校结合实际开设思想政治理论课选修课。②

思想政治理论课统编教材由教育部社会科学司组织本专科和研究生各门课程教材和教学大纲编写组的专家，根据中央精神和教学实际需要及时编写、修订，并组织制定《高校“形势与政策”课教育教学要点》，同时编写完善教师参考用书、学生辅学读本、理论普及读物等教学系列用书。随着科学技术的发展、教学手段的现代化，教学内容的载体也更加多样化。除了纸质版教材，加强数字化载体建设，成立全国思想政治理论课网站信息共享联盟，整合各地各高校优质网络教学资源，建立文献共享资源

---

① 参见《普通高校思想政治理论课建设体系创新计划》，2015 年 8 月 11 日，http://www.moe.gov.cn/srcsite/A13/moe_772/201508/t20150811_199379.html。

② 参见《教育部关于印发〈新时代高校思想政治理论课教学工作基本要求〉的通知》，2018 年 4 月 24 日，http://www.moe.gov.cn/srcsite/A13/moe_772/201804/t20180424_334099.html。

库，包括各级思想政治理论课程网站、大学生思想政治理论课主题学习网站、微信公众账号学习平台等，各地各高校积极参与相关建设，构建思想性、科学性、可读性相统一的立体化教材体系。

在教学方面，一方面教育部社会科学司积极培育和推广优秀教学方法，鼓励思想政治理论课教师结合教学实际，针对学生思想和认知特点，积极探索科学有效的教学方法，加强实践教学，创新网络教学形式，科学运用教学方法，不断提升教学质量。倡导集体备课和名师引领，强化问题意识和团队攻关，在传统的授课模式基础上采用专题讲授、课堂讨论、社会调查等多样化的教学方式，充分发挥课堂教学的主渠道作用和实践教学、网络教学的有效补充作用。教育部社会科学司通过实施教学方法改革项目“择优推广计划”，进一步推动高校思想政治理论课教学方法改革，提高思想政治理论课教学质量和水平，努力打造第一课堂与第二课堂、理论教学与实践教学、课堂教学与网络教学相互支撑，理念手段先进、方式方法多样、组织管理高效的思想政治理论课教学体系。另一方面，按照教育部要求，各高校按课程分别设置教研室（组）统一集体备课，研讨教学共性问题，规范教学工作，按照师生比不低于 1∶350 的要求设置专职思想政治理论课教师岗位，为每个教研室（组）配足师资。同时，积极推行 100 人以下的中班教学，加强课堂教学秩序管理，严肃课堂纪律，确保学生到课率，完善教学事故认定及处理办法，保证完成高质量教学。

在管理考核方面，各高校不断改进完善考核方式，一方面，“采取多种方式综合考核学生对所学内容的理解和实际运用，注重考查学生运用马克思主义立场观点方法分析、解决问题的能力，力求全面、客观反映学生的马克思主义理论素养和思想道德品质”①。对于考试实行集体命题，以闭卷考试为主。另一方面，各高校健全听课指导制度，建立校、省、部三级听课制度。各高校注重建立健全多元评价机制，采用教师自评、学生评价、同行评价、督导评价、社会评价等多种方式，对教师教学质量进行综合评价。各高校纷纷开展思想政治理论课教学观摩活动，实施教师听课互

① 《教育部关于印发〈新时代高校思想政治理论课教学工作基本要求〉的通知》，2018 年 4 月 24 日，http://www.moe.gov.cn/srcsite/A13/moe_772/201804/t20180424_334099.html。

评互学制度，不断探索建立科学全面准确评价大学生思想政治理论课学习效果的评价体系。教育部社会科学司于 2013 年 6 月起开展高校思想政治理论课教学质量监测试点工作，首选 15 所高校，由各高校学生登录高校思想政治理论课教育教学质量监测网进行测试。更为重要的是落实高校主体责任，落实高校党委书记作为思想政治理论课建设第一责任人的责任，校长切实负起政治责任和领导责任，将思想政治理论课建设提升到前所未有的高度。

在师资队伍建设方面，建设一支高素质的教师队伍是上好思想政治理论课的重要保障，配齐建强高素质的思政课教师队伍是推动思想政治理论课教学内涵式发展的关键。习近平总书记在主持召开全国学校思想政治理论课教师座谈会时指出："办好思想政治理论课关键在教师，关键在发挥教师的积极性、主动性、创造性。"[①]为此，习近平总书记提出了思政课教师"六个要"，即政治要强、情怀要深、思维要新、视野要广、自律要严、人格要正，为广大思政课老师理直气壮讲好思政课鼓足了干劲。党的十八大以来，在教育部领导下，各高校采取多种方法提高专职教师队伍整体素质，引导和鼓励中青年思想政治理论课教师注重师德建设，钻研教学内容，探索和创新教学方法、手段，着力提高思想政治理论课教育教学质量，努力"建设一支理想信念坚定、师德高尚、理论功底扎实、教学效果良好的高水平思想政治理论课教师队伍，形成专兼结合、结构合理的教学人才体系"[②]。其中一项重要措施是建立特聘教授巡讲机制，为各地各高校提供优质教师资源，聘请符合条件的专家学者、党政领导干部和先进人物等兼任思想政治理论课教师，并要求高校所有校领导带头讲思想政治理论课。同时，注重发挥辅导员队伍的联动作用，鼓励支持辅导员、班主任骨干兼任思想政治理论课教师，鼓励支持思想政治理论课教师从事辅导员、班主任工作，推动两支队伍有机融合。

加强师资队伍建设首先从教育、培训开始，党的十八大以来，为贯彻落实《中共中央宣传部、教育部关于进一步加强高等学校思想政治理论课

---

① 《习近平谈治国理政》第 3 卷，外文出版社 2012 年版，第 330 页。

② 《普通高校思想政治理论课建设体系创新计划》，2015 年 8 月 11 日，http://www.moe.gov.cn/srcsite/A13/moe_772/201508/t20150811_199379.html。

教师队伍建设的意见》(教社科〔2008〕5 号)、《中共中央办公厅、国务院办公厅关于进一步加强和改进新形势下高校宣传思想工作的意见》精神,教育部领导各高校进一步完善教师培养培训制度,逐步健全完善国家示范培训、省级分批轮训、学校全员培训紧密衔接、相互补充的三级培训体系。由中宣部、教育部举办的国家示范培训包括思想政治理论课骨干教师研修班、全国高校优秀中青年思想政治理论课教师择优资助计划、全国普通高校"形势与政策"课骨干教师培训班等,同时建设全国高校思想政治理论课教师社会实践研修基地。教育部要求各地教育部门和各高校高度重视、精心组织,做好本地、本校教师全员培训工作,确保完善部级示范培训、省(区、市)级教育部门培训和高校培训三种形式,用中央精神统一全体思想政治理论课教师的思想,以吃透新修订教材基本精神为重点,帮助任课教师尽快熟悉和把握新教材修订的原则、思路和重点难点,切实用好新教材,保证开课质量。

2012～2015 年,教育部社会科学司每年各举办 6 期高校思想政治理论课骨干教师研修班,每年约 600 人参加培训,培训覆盖所有思想政治理论课科目。2018～2019 年,教育部社会科学司根据思政课建设大调研情况统筹考虑,扩大优质培训资源覆盖面,优先保证首次参训高校的培训需求,并对高度重视思政课建设、教师培训需求强烈、地理位置偏远的高校(含民办高校)予以政策倾斜。2018 年、2019 年各举办 12 期高校思想政治理论课骨干教师研修班,每年约 1200 人参加。

自 2012 年起,教育部社会科学司启动"全国高校优秀中青年思想政治理论课教师择优资助计划",这是继新课程全员培训、示范培训"万人计划"、骨干教师研修"千人计划"之后推出的培养中青年骨干教师的"百人计划"。该项目将连续实施 3 年,计划共培养 150 名中青年教师。每年以"选人给项目"的方式,从全国高校思想政治理论课教师中遴选出 50 名致力于思想政治理论课教学的中青年教师,通过多种形式的经费资助、课题支持和成果展示等,为中青年思想政治理论课骨干教师成长搭建平台,有效地激励思想政治理论课教师安心从教,不断提升思想政治素质和科研能力,提高教学质量和教学水平。该计划通过促进教学研究、强化原著学习、推动成果展示、开展交流研讨等途径加强对符合条件的教师的培养,一大批基础好、有潜力、勇于创新、教学业绩比较突出的中青年教师得到资助，逐步成长为坚持正确的政治方向、理论功底扎实、善于联系实际、具有较高教学水平和科研能力的高校思想政治理论课教学领军人物和学术带头人。

在前期工作的基础上，教育部于 2013 年 5 月发文建立首批 12 个“全国高校思想政治理论课教师社会实践研修基地”，推动高校思想政治理论课教师社会实践研修活动制度化。基地建设以进行中国特色社会主义教育为主题，以组织社会实践和研修活动为主要内容，整合各方面教育资源，打造思想政治教育教学的交流平台、科研阵地和人才库，为促进思想政治理论课教师成长、提高思想政治理论课教学质量、培养中国特色社会主义事业建设者和接班人做出积极贡献。

为继续打好提高思政课质量和水平攻坚战，进一步加强“师资攻坚”，在教育部社会科学司的领导下，各高校不断深化思想政治理论课教学研究与理论研究，具体工作包括统筹社会专家资源、建立教学改革智库，为深化教学改革提供有力支撑；开展教学重点问题研究，实施集体备课制度，深入开展多种形式的教学讨论和辩论；加强对教案编写、课件制作、课堂教学组织的研究，打造精彩教案、精彩课件、精彩课堂；设立“高校马克思主义理论教学与研究文库”出版资助项目，推出优秀马克思主义理论学科和思想政治理论课教学学术专著，推动马克思主义中国化理论创新，研究回答重大理论和现实问题等。[①] 同时，教育部社会科学司要求各高校建立思想政治理论课专职教师任职资格制度，把政治立场作为教师聘用的首要标准，严把教师聘用政治关。要求本科和专科院校分别严格按照 1∶350～400 和 1∶550～600 的师生比配足配强思想政治理论课专职教师，并注重加强后备人才储备，充分满足思想政治理论课教学和科研用人需求。对于思想政治理论课教师的考核，则改革教学和科研评价方式，将课堂教学质量等作为重要评价标准，不断探索建立符合思想政治理论课教师职业特点的职务职称评聘标准，提高教学和教学研究占比，引导和鼓励思想政治理论课教师将更多时间和精力投入教学中。各高校努力建立

---

① 参见《普通高校思想政治理论课建设体系创新计划》，2015 年 8 月 11 日，http://www.moe.gov.cn/srcsite/A13/moe_772/201508/t20150811_199379.html。

符合思想政治理论课特点的教学考评机制，在职务晋升、考核考评、评选评优等方面能够充分体现思想政治理论课教师的特殊贡献，并不断探索建立思想政治理论课荣誉教师制度，积极选树先进典型，推选年度影响力人物、教学名师、教学能手和优秀团队等，逐步形成国家、地方和高校三级激励机制。[①] 党的十八大以来，经过多方面努力，一支政治素质过硬、业务能力精湛、育人水平高超的高素质、专业化思政课教师队伍逐步成长起来，广大教师具有坚定正确的政治方向，他们真信、真学、真懂、真讲、真用马克思主义理论，在平凡的岗位上做出了不平凡的业绩，展现出有理想守信念、既教书又育人的良好精神风貌。

在学术研究与学科建设方面，马克思主义理论学科是一门从整体上研究马克思主义基本原理和科学体系的学科，高校开好思想政治理论课必须努力建强马克思主义理论学科，形成以马克思主义理论学科为引领、相关学科为补充的思想政治理论课学科支撑体系。以习近平同志为核心的党中央高度重视思想政治理论课建设，做出了一系列重大决策部署，要求“加强马克思主义理论学科规范化建设，凝练学科方向，汇聚学科队伍，扩大学科影响，把马克思主义理论学科建设成为哲学社会科学优势学科，构建以马克思主义理论学科为引领，相关学科为补充，有效支撑思想政治理论课建设的学科体系”[②]。当代中国马克思主义理论学科的建设发展，必然落到研究我国发展、我们党执政面临的重大理论和实践问题上来，通过研究提出解决问题的正确思路，其建设发展也需要牢牢把握高校思想政治理论课教学实践这个主阵地。

建设一批高水平的马克思主义学院，是党中央在高校意识形态领域的重大战略部署，是落实全国思想政治工作会议精神的重大举措，党的十九大报告明确指出，要“深化马克思主义理论研究和建设，加快构建中国特色哲学社会科学”[③]。“1998 年，在推进高校思想政治理论课‘98 方案’

---

① 参见《普通高校思想政治理论课建设体系创新计划》，2015 年 8 月 11 日，http://www.moe.gov.cn/srcsite/A13/moe_772/201508/t20150811_199379.html。

② 《普通高校思想政治理论课建设体系创新计划》，2015 年 8 月 11 日，http://www.moe.gov.cn/srcsite/A13/moe_772/201508/t20150811_199379.html。

③ 习近平：《决胜全面建成小康社会　夺取新时代中国特色社会主义伟大胜利——在中国共产党第十九次全国代表大会上的报告》，人民出版社 2017 年版，第 40 页。

的过程中，思想政治理论课建设被提升到学科建设的高度，开启了学科建设与思想政治理论课教学相伴相生的进程。”[①]“马克思主义理论”自2005年被评定为一级学科，经过10多年的建设，迈上了一个前所未有的新台阶，学位点的数量及发展规模提升幅度显著，围绕我国重大理论与实际问题开展研究与教育成果显著，学术成果丰富发展，培养了一大批专业人才，马克思主义理论一级学科和二级学科具有各自独特的内涵和侧重点，形成了整体性的格局，有力地推进了学科化与科学化进程。党的十八大以来，“双一流”建设、“合力育人”工程等为马克思主义学院建设提供了新契机，根据《关于加强马克思主义学院建设的意见》和《关于建设全国重点马克思主义学院的实施方案》的要求，中共中央宣传部、教育部评选出21家全国重点马克思主义学院，这些学院准确把握战略定位，推进学科发展，务实推进思想政治理论课改革，创新马克思主义理论人才培养，研究社会问题，强化社会服务，在教学、科研、社会服务等方面发挥了积极作用。

马克思主义理论学科对思想政治理论课教学的学科支撑明确且有力，包括研究社会主义核心价值观体系教育、研究当代社会条件下理想信念教育的发展等，努力突破理论与实际难题，为思想政治理论课发展奠定了坚实的基础。重点建设一批马克思主义学院，稳定经费投入，“不断健全基本要求具体、责任分工明确、政策制度完善，有利于形成工作合力的思想政治理论课建设条件保障体系”[②]。

“高校思想政治理论课承担着培养学生政治认同、价值养成、道德素养的任务”[③]，思想政治理论课要帮助大学生解决个人生活和社会实践中产生的困惑，解决理论与实践冲突产生的困惑。当前国际形势的发展日渐多元化，经济全球化进程逐步加快，中西方的思想文化不断碰撞，人们的思想价值观念发生了翻天覆地的变化，因此要有力地从理论上回答大学生在专业学习、人际关系、价值追求等方面遇到的问题，“要求马克思主

① 张雷声等：《新时代马克思主义理论学科建设（笔谈）》，《理论与改革》2019年第3期。

② 《普通高校思想政治理论课建设体系创新计划》，2015年8月11日，http://www.moe.gov.cn/srcsite/A13/moe_772/201508/t20150811_199379.html。

③ 韩喜平：《新时代马克思主义理论学科建设（笔谈）》，2019年7月4日，http://www.qstheory.cn/llqikan/2019-07/04/c_1124711782.htm。

义理论学科以问题意识为导向，深化马克思主义理论研究，真正从学理上达到释疑解惑的目的，实现促进学生思想进步和健康成长的教学目标，更好地承担培养德智体美劳全面发展的中国特色社会主义合格建设者和可靠接班人、培养担当民族复兴大任的时代新人的重要使命”[①]。在马克思主义理论一级学科建设的推动下，思想政治理论课建设取得了长足进展，特别是党的十八大以来，思想政治理论课建设在改进中不断加强，教学状况与水平显著改善，大学生学习思想政治理论课的获得感明显增强。新时代马克思主义学院建设需要进一步补齐短板，自觉树立从外延发展转向内涵提升的学科建设理念，不断深化和创新马克思主义理论研究，进一步推进思想政治理论课教学改革和质量提升工程，培育更多的精品课程和教学名师。提升科学研究水平，规范学科建设，高质量完成立德树人的核心任务，巩固马克思主义在高校意识形态领域的指导地位，实现更好更快发展。

（二）加强网络思想政治教育

网络信息时代的信息传播具有多终端互联、信息碎片化、传播方式多样且多向互动等特点，人人都可以在网络空间表达自己的观点，而且具有虚拟性，能够形成强大的信息渗透和强势的舆论引导。信息技术的发展加快信息的传播，突破时空限制，极大地开阔了人们的视野，丰富了人们的文化生活，微博、微信、QQ、论坛、贴吧以及网络新闻平台等成为大学生与外界交流互动的重要媒介。2019 年 8 月 30 日，中国互联网络信息中心（CNNIC）发布第 44 次《中国互联网络发展状况统计报告》。报告显示，我国互联网普及率达 61.2%，网民规模达 8.54 亿，手机网民规模达 8.47 亿，网民使用手机上网的比例达 99.1%。[②] 互联网极大地改变了高校理想教育的传统模式，网络对于大学生的价值观、思维方式、生活方式的形成有着重要的影响，高校积极开拓网络理想教育阵地既具有可行性，

① 韩喜平：《新时代马克思主义理论学科建设（笔谈）》，2019 年 7 月 4 日，http://www.qstheory.cn/llqikan/2019-07/04/c_1124711782.htm。

② 参见《CNNIC 发布第 44 次〈中国互联网络发展状况统计报告〉》，2019 年 8 月 30 日，http://www.cac.gov.cn/2019-08/30/c_1124939590.htm。

也具有必要性，是当前理想教育面临的重要课题。高校必须要摒弃旧的教育观念，在“互联网＋”的背景下全方位、多维度开展理想教育，强化阵地意识，依托网络新媒体技术占领理想教育网络阵地，正确引导大学生的思想舆论。2018 年 1 月 12 日，教育部召开第三次全国高校网络文化建设工作推进会，强调加强校园网络建设必须“深入学习贯彻习近平新时代中国特色社会主义思想特别是关于网络强国战略思想，学习贯彻党的十九大精神，推动思想政治工作传统优势同信息技术高度融合，推动社会主义核心价值观的网络传播与弘扬，增强时代感和吸引力，让高校网络文化成为网络空间正能量的强大发动机和不竭源泉”①。会议要求各高校必须从提升网上育人质量、加强网下能力建设、增强网上传播实效、改进网下工作方法四方面入手，深化育人成效，强化工作保障，着力加强网络队伍建设，提高师生网络素养，积极培育校园好网民。

各高校加强网络思想政治教育，首先要注重打造一支优秀的“二合一”网络教育队伍，不断完善高校思想政治理论课教师和高校思想政治教育工作者两支队伍“合作育人”机制。高校教育工作者作为理想教育的实施者、引导者，迫切需要不断地更新完善知识体系，提高综合素养和教育水平，尤其是提高网络信息素养，既能准确掌握网络媒介的特点和规律，又能熟练使用网络语言；既能有效甄别、预判网络舆情，又能第一时间掌握网络思想动态，从而创新教育模式、结合时代特点开拓新的教育阵地，构建内容丰富生动、形式多样的网络教学平台，吸引大学生的注意力，开展科学的教育与指导。开展网络理想教育，一方面，必须完善网络理想教育体系，以思政课教师为骨干，以网站、微博、论坛、微信、QQ 等为载体，融合高质量的教学资源，通过网络技术快速传播正确的理论、政策，推送相关解读的文章、报道、视频等作为课堂知识补充，充分发挥教育的积极性和主导性，倡导主旋律，为大学生指引正确的方向。另一方面，开展网络理想教育的教育者还必须提高技术水平，掌握网络沟通艺术，善用“网言网语”，注重开展互动交流，突破时间和空间的限制，及时了解大学生的

---

① 《第三次全国高校网络文化建设工作推进会召开》，2018 年 1 月 15 日，http://www.moe.gov.cn/s78/A12/moe_1168/201801/t20180115_324635.html。

思想状况，特别是对新出现的事件与热点问题，要及时关注、掌握并进行答疑解惑，构建主流舆论，引导新格局，对大学生进行正确的教育和引导，帮助他们树立正确的理想信念。其次，高校理想教育必须充分发挥“互联网+”优势，创新理想信念教育的形式，把握好方向性、现实性和实践性，充分利用新媒体技术的特点与优势，提高工作效率。

各高校积极开展网络理想教育，一方面，坚定不移地进行马克思主义理论和中国特色社会主义理论的教育和传授，结合国家发展、社会状况和个人发展，紧密结合当前形势尤其是正在发生的各类事件，发挥好新媒体传播媒介的互动作用，侧重问题导向，引领大学生积极关注和理性分析社会问题，增强对社会问题的分析能力和鉴识能力，增强理想教育的现实性和实效性。同时，注重突出实践功能和服务功能，运用新媒体、新技术使理想教育工作活起来。利用新媒体平台为大学生提供便捷、有效的服务，包括科研学习、行政管理、志愿服务、公益行动等，融时代性、政治性、教育性、服务性于一体，既通过行为习惯和行动范式的植入扩大传播的积极影响，激发并释放创新意识和创造精神，又满足大学生现实需求，使大学生在“使用与满足”的过程中接受教育，从而使理想教育形成强大持久的辐射力、影响力。各高校加强统筹谋划，盘活资源配置，推动传统媒体和新兴媒体融合发展，优化互动功能，校园网络平台逐步发展完善，网络育人效果逐步显现。另一方面，网络的开放性和隐蔽性，使各种错误思潮、言论披着各种虚假的外衣，堂而皇之地泛滥，甚至伪装成“真理”盛行，造成信息传播的失实，产生不良影响。因此，在开展网络教育的同时，各高校注重强化“互联网+”新业态的底线意识、主动意识，加强监督和管理，既培育网络宣传主力军加强正向引领，有效融入思政元素，变个性呈现为组织引导，变颓废沮丧为追求美好；也注重加强网络道德教育，提升大学生网络素养。思政教育工作者积极引导大学生树立科学、理性、正确的网络学习观，树立以诚信为本的健康、积极的网络交往观，包括教育引导大学生增强法制观念，严格依法律己，按照社会主义道德的原则和要求规范网上言行，并学会明辨是非、分辨真假，增长智慧，增强抵制不良信息的能力。各高校不断完善网络教育管理和指导机制，通过科学、合理、现实的指导和监管来营造健康、有序的网络环境，为大学生健康成长创造了有利条件。

（三）打造体现新时代精神、社会主义性质的校园文化

校园是教育的场所，是大学生学习生活的主要空间，积极健康的校园文化和良好的校园环境是教育的重要组成部分，是社会主义文化建设的新形式。高校全面贯彻党的教育方针，培养德智体美劳全面发展的社会主义建设者和接班人，大学校园文化起着重要的作用。校园文化"既是大学精神的体现，又是社会价值观念的反映，具有凝聚人心、陶冶激励等功能，潜移默化地影响着学生的世界观、人生观、价值观。健康向上的校园文化对于做好当下高校意识形态工作、提高学生思想道德素质、增强抵御社会不良思潮的能力、培养新时代高素质人才具有重要意义"[①]。党的十八大以来，各高校坚持马克思主义指导地位，坚持中国特色社会主义教育发展道路，坚持社会主义办学方向，围绕立德树人根本任务，建设有特色、高品质的校园文化环境，有效推进了大学生思想品格和精神素养的形成。

首先，各高校要坚定地将马克思主义、中国特色社会主义理论体系作为高校校园文化建设的指导思想。中国正在实现从"站起来""富起来"到"强起来"的伟大飞跃，意识形态领域的综合实力同样需要强大起来，社会环境的复杂性使得意识形态领域的斗争更加复杂多变，社会纷繁复杂的思想文化也对大学校园产生冲击和影响。当代大学生是实现第二个百年奋斗目标的骨干和栋梁，他们只有志气足、骨头硬，才能保证党的十九大确定的奋斗目标如期实现。伟大的事业需要正确的文化引领，大学生的成长更需要正确的思想文化所倡导的价值观念、道德规范来统一思想、指导言行，保证他们坚持走正确的道路，不会迷失方向。一方面，各高校坚定政治方向，坚持以马克思主义为指导推进校园文化建设，通过丰富多彩的校园文化活动深入浅出地做好马克思主义的宣传与教育工作，在校园文化活动中增强大学生用马克思主义的立场、观点、方法分析和解决问题的能力。另一方面，校园文化建设注重把党领导人民开创的实践经验和成就全面而有效地展示出来，讲好大学生喜闻乐见的"中国故事"，把习近

① 姜淼：《推动新时代大学校园文化建设》，2019 年 4 月 2 日，http://news.cssn.cn/zx/bwyc/201904/t20190402_4858820.shtml。

平新时代中国特色社会主义思想贯穿于大学校园文化建设中，推动习近平新时代中国特色社会主义思想走进大学生思想深处、情感深处、心灵深处，引导广大青年大学生更加自觉地增强“四个意识”、坚定“四个自信”、做到“两个维护”，使大学生能够坚定共产主义远大理想和中国特色社会主义共同理想。各高校马克思主义理论社团、品牌学术论坛等活动不仅具有深厚的学术文化氛围，具备提升学术修养、文化品位和人文底蕴的功能，还成功地把课堂教学延伸到大学生社团活动中，将被动说服式教育模式转变为主动参与式教育模式，让马克思主义的真理在广大的学生社团活动中鲜活起来，并示范、引领其他校园文化活动，让越来越多的大学生成长为理论功底深、组织能力强、创新能力强的佼佼者。

其次，各高校坚持不懈地将社会主义核心价值观融入大学校园文化建设。当代中国精神的集中体现就是社会主义核心价值观，发展健康的校园文化是践行社会主义核心价值观的重要举措。2012 年，《教育部关于全面提高高等教育质量的若干意见》指出：“发挥文化育人作用，把社会主义核心价值体系融入国民教育全过程，建设体现社会主义特点、时代特征和学校特色的大学文化。”[①]党的十八大以来，各高校坚持立德树人的育人目标，以社会主义核心价值观为导向，凝练独具本校特色的校园文化品牌，设计有亲和力、有品质的校园文化活动，将社会主义核心价值观教育融入每个活动细节、深入每一位大学生心中。在校园文化建设中，一是弘扬中华民族优秀传统文化，建立文明高雅的文化氛围，坚决抵制庸俗、低俗的文化糟粕，增强大学生的文化自信和文化认同，使大学生心系家国，为国家发展、民族复兴而发奋学习。二是弘扬传承新时代的新思想、新作风，丰富校园文化的内涵，在校园文化活动中注重发挥榜样示范作用，帮助大学生形成良好的思想认知和价值判断，讲好校园故事，传播校园正能量，有助于促进良好班风、学风、教风的形成。三是将社会主义核心价值观融入大学制度文化建设中，各高校坚持以人为本，结合自身办学方向，制定并不断健全各种规章制度，完善民主监督制度，规范师生言行，

---

① 教育部思想政治工作司编：《加强和改进大学生思想政治教育重要文献选编(1978～2014)》，知识产权出版社 2015 年版，第 535 页。

保障师生权益，保障教学、科研工作有序开展。通过制度文化建设，把社会主义核心价值观细化到师生日常行为规范建设中，让广大师生由外部强制内化为自我要求，自觉做社会主义核心价值观的践行者和推动者，提升思想境界。

再次，党的十八大以来各高校深化培育大学精神和大学文化。大学精神是大学文化的核心，是大学的灵魂所在，优良的大学精神既是一流大学建设的强大动力，也是一流大学建设的核心内容。当代大学精神和大学文化内涵丰富，是大学在长期发展过程中形成的价值和规范体系、经过历史沉淀形成的比较稳定的共同品质。倡导和弘扬科学精神、凝聚时代特色的大学精神和大学文化，不仅是高等教育自身发展的需要，而且也是社会进步的需要。2012 年，《教育部关于全面提高高等教育质量的若干意见》指出，各高校要"秉承办学理念，确定校训、校歌，形成良好校风、教风和学风，培育大学精神"[①]。2015 年 1 月，中共中央办公厅、国务院办公厅印发的《关于进一步加强和改进新形势下高校宣传思想工作的意见》强调："推动文化传承创新，建设具有中国特色、体现时代要求的大学文化，培育和弘扬大学精神，把高校建设成为精神文明建设示范区和辐射源，继承和发扬中华优秀传统文化，促进社会主义先进文化建设，增强国家文化软实力。"[②]大学精神和大学文化是一所大学经过长期发展所形成的特有的气质，同时也具有显著的时代特征。进入 21 世纪，各高校加强文化育人，更加注重创造优秀文化、打造各具特色的大学精神和大学文化。例如，人们常说的"北大之创新，清华之严谨，南开之笃实，浙大之坚韧"正是大学精神的体现。时任安徽大学校长黄德宽认为："我心目中理想的大学，应该成为思想的高峰、科学的圣殿、人才的摇篮。大学精神、思想的高度，也可以说是代表着一个国家的精神和思想高度，如果大学不出思想家，不能产生引导国家发展的思想，那这个国家是没有前途的。"[③]时任浙

---

① 教育部思想政治工作司编：《加强和改进大学生思想政治教育重要文献选编（1978～2014）》，知识产权出版社 2015 年版，第 535 页。

② 《中共中央办公厅、国务院办公厅关于进一步加强和改进新形势下高校宣传思想工作的意见》，《人民日报》2015 年 1 月 20 日。

③ 崔雪芹：《大学校长访谈》，人民出版社 2010 年版，第 130 页。

江工商大学校长胡建淼强调:“一所真正的大学,必须拥有真正的大学精神。这种精神可以用六个字来概括:科学、学术、自由……这一大学精神结合中国社会主义的大学要求,就应当坚持‘党委领导,校长负责,专家治校,民主管理’。”①时任黄河水利职业技术学院党委书记许琰谈道:“黄河水利职业技术学院作为一所建校近90年的老校,有其自身的历史底蕴和优势,在创国内一流、国际知名的优质高职院校发展进程中,在新时期继续传承‘献身、负责、求实’的水利人精神,为学校的发展提供强大精神动力与智力支持。”②大学精神和大学文化是大学的灵魂和旗帜,身处大学的每一位师生都会被它浸染,影响是潜移默化的,在凝聚大学精神、创新大学文化的过程中,大学生的价值观和思想境界得到提升,个人发展的内在需求得到激发,从而实现自我教育与全面发展。

(四)大学生心理健康教育进入科学发展阶段

随着时代的发展,大学生的心理健康越来越受到关注,加强大学生心理健康教育工作是全面贯彻党的教育方针、全面实施素质教育的重要举措。党和国家领导人非常重视大学生心理健康教育。2016年12月4日,中共中央、国务院印发《关于加强和改进新形势下高校思想政治工作的意见》,提出“加强人文关怀和心理疏导,促进大学生身心和人格健康发展”③。12月7日,习近平总书记在全国高校思想政治工作会议上发表重要讲话,指出要持续提升高校师生心理健康素质,整体推进高校党政干部和共青团干部、心理咨询教师等队伍建设。12月30日,国家卫计委、中宣部、教育部等22个部门联合印发《关于加强心理健康服务的指导意见》,提出到2020年,全民心理健康意识明显提高,将心理健康服务纳入城乡基本公共服务体系。这是我国首个加强心理健康服务的宏观指导性意见。《意见》强调:“高等院校要积极开设心理健康教育课程,开展心理

① 崔雪芹:《大学校长访谈》,人民出版社2010年版,第177～178页。

② 许琰:《新时代大学精神是什么?来听听这几位大学书记、校长怎么说……》,2018年11月30日,https://www.sohu.com/a/278846346_348771。

③ 中共中央党史和文献研究院编:《十八大以来重要文献选编》(下),中央文献出版社2018年版,第489页。

健康教育活动;重视提升大学生的心理调适能力,保持良好的适应能力,重视自杀预防,开展心理危机干预。”[①]2001 年 3 月,教育部出台第一个高校心理健康教育专项文件——《关于加强普通高等学校大学生心理健康教育工作的意见》,开启了高校心理健康教育的制度化阶段,经过近 20 年的尝试、摸索取得了一定的成绩,高校心理健康教育走上了制度化、科学化发展的道路。

全国各级各部门认真贯彻落实教育部关于加强高校大学生心理健康教育工作的有关文件精神,取得了巨大进展。

首先,心理健康教育学者与工作团队着力从心理学专业角度出发,对以问题为导向的大学生心理健康标准进行界定,为高校心理健康教育提供方向和依据。心理健康标准问题是心理健康理论研究和实践工作需要面对的核心问题,多年来学界一直在对标准制定的依据进行探讨。2011 年,中国心理卫生协会理事长蔡焯基教授在题为“维护心理健康构建和谐社会——心理健康概念与标准”的学术报告中,首次公开介绍了中国人心理健康的 6 条标准:“一是情绪稳定,有安全感;二是认识自我,接纳自我;三是自我学习,独立生活;四是人际关系和谐良好;五是角色功能协调统一;六是适应环境,应对挫折。”[②]根据大学生的实际情况,国内学者从积极心理学视角出发,对大学生心理健康标准进行探讨和界定,认为应当以幸福为目标,关注大学生的优秀品质和美好心灵,培育拥有良好心理素质的大学生。根据大学生的实际,有学者提出,评价大学生心理健康水平主要包括理性认识自我并接纳自我、具有积极乐观的心态与奋发向上的精神、具有和谐的人际关系、有良好的环境适应能力以及良好的同理心、共情力等。大学生心理健康标准的制定赋予了心理健康教育新内容和新目标,不仅能够将工作范围扩大,关注大学生普遍存在的困惑,着力提升全体大学生的心理素质,而且积极调整了工作方向,减少师生长期以来对心理健康的偏见与误区,帮助其提高认知能力和自我觉察、反省能

① 《关于加强心理健康服务的指导意见》,2017 年 1 月 19 日,http://www.nhc.gov.cn/jkj/s5888/201701/6a5193c6a8c544e59735389f31c971d5.shtml。

② 杜学敏、戴贝钰、刘正奎:《积极心理学视野下大学生心理健康标准的研究》,《思想教育研究》2018 年第 3 期。

力，形成积极的心理素质，为以后的人生发展道路奠定基础。

其次，高校心理健康教育逐步实现从“心理咨询”到“心理健康教育与指导”的转变，工作重心从关注少数有心理问题学生的心理咨询和治疗，开始转向全体学生的心理潜能开发和素质提升。20世纪80年代中期，一些高校将心理健康教育统称为“心理咨询”，认为只有有心理问题的大学生才需要进行心理咨询，甚至将“心理咨询”等同于“心理治疗”，很多高校的心理健康教育机构都以“学生心理咨询中心”命名，采用“没有心理疾病就是心理健康”的理念，将危机干预作为日常主要工作内容，没有给予心理健康教育工作足够的重视，人员配备较少，工作比较零散，制度和设施建设也不全面，影响了高校心理健康教育的开展。随着实际工作的发展需要，各高校“学生心理咨询中心”逐步改名为“学生心理健康教育与咨询中心”或“学生心理咨询与服务中心”等，工作理念与工作内容方式有了极大的改进。各高校心理健康教育与咨询机构转变工作理念，以促进全体大学生心理品质完善为工作重点。工作目标是努力营造和谐的校园心理氛围，帮助大学生解决心理困扰，提升心理素质。工作内容包括心理健康课程建设、宣传教育，大学生心理健康状况调研、危机排查和干预，团体辅导，心理咨询，心理测评等；不再将有限的心理资源集中到少数心理问题严重的学生身上，而是更多地关注大多数心理健康的大学生如何提升心理素质、发掘个人潜力。

再次，高校心理健康教育体制机制建设得到进一步完善。2012年，中共中央宣传部、教育部联合印发《全国大学生思想政治教育工作测评体系（试行）》，要求分别建立党委政府版和高校版两套体系，党委政府版测评体系将“支持大学生心理健康教育和心理咨询机构建设，建立高校与专业卫生机构之间大学生严重心理障碍和心理疾病治疗的转介机制”作为测评标准之一。[①] 高校版测评体系要求各高校设立专门的心理咨询场所，开设心理健康教育必修课或选修课并形成系列课程体系，定期开展心理健康宣传教育活动，每年开展新生心理健康普查并建立心理健康档案，

① 参见《中共中央宣传部、教育部关于印发〈全国大学生思想政治教育工作测评体系（试行）〉的通知》，2012年2月15日，http://www.moe.gov.cn/srcsite/A12/s7060/201202/t20120215_179002.html。

构建校、院(系)、学生班级三级心理健康教育工作网络等。[①]《关于加强心理健康服务的指导意见》提出,教育系统要进一步提高心理健康教育与咨询服务的专业化水平;每所高等院校均设立心理健康教育与咨询机构,按照师生比不低于1∶4000的标准配备从事心理辅导与咨询服务的专业教师。[②] 教育部发布的有关心理健康教育的文件还包括《普通高等学校学生心理健康教育课程教学基本要求》《普通高等学校学生心理健康教育工作基本建设标准(试行)》等。这些顶层设计与工作要求深入推动了高校心理健康教育长效发展、规范发展。

各高校积极落实国家对大学生心理健康教育的任务要求,为工作开展提供了必要保障。一是大学生心理健康教育日常工作条件有了极大改善,全国95%以上的高校设立了大学生心理健康教育和咨询机构[③],而且均为副处级(及以上)建制单位;各高校设立大学生心理健康教育和心理咨询专项经费并纳入学校预算;多数高校设立了心理健康教育专用场地,并配备了沙盘、音乐治疗等设备。各高校纷纷开展心理健康教育月、心理社团、专家心理讲座、团体辅导等活动,并利用网站、微信、微博等新媒体客户端加大宣传力度,营造良好的心理健康教育氛围,发挥心理健康教育在思想政治教育中的作用,服务大学生健康成长。二是心理健康课程体系建设更加全面、丰富,理论研究不断提升。高校普遍开设大学生心理健康必修课,根据实际情况同时开设选修课,更有高校设计心理健康相关慕课,基本实现了大学生心理健康知识传授的全覆盖。开设课程的同时,专兼职教师也加强心理健康教育的规律性问题研究,相关研究文献数量直线增长。“依托教育部人文社会科学研究高校思想政治工作专项、辅导员工作精品项目、思想政治教育研究文库、高校德育文库、思想政治教育中青年杰出人才计划等项目建设,为思政工作和学生工作者开展大学生心

---

① 参见《中共中央宣传部、教育部关于印发〈全国大学生思想政治教育工作测评体系(试行)〉的通知》,2012年2月15日,http://www.moe.gov.cn/srcsite/A12/s7060/201202/t20120215_179002.html。

② 参见《2020年心理健康服务纳入城乡基本公共服务体系》,2017年1月19日,http://www.gov.cn/xinwen/2017-01/19/content_5161362.htm。

③ 参见冯刚:《立标准 建机制 探索建设中国特色大学生心理健康教育工作体系》,《学校党建与思想教育》2014年第23期。

理健康教育理论、实践研究创造条件。”[①]三是高校心理健康教育队伍日益壮大，基本上所有高校都配备了心理教师，具有从事大学生心理健康教育的相关学历和专业资质，在职称评聘、工作待遇等方面给予保障，加强选拔、配备、培养和管理，纳入学校整体教师队伍建设工作。高校所有教职员工都负有教育引导大学生健康成长的责任，辅导员、班主任、研究生导师是大学生心理健康教育工作的重要力量，他们与大学生联系最密切，能够从日常的学习、工作、生活中对大学生进行教育引导，及时发现大学生存在的心理危机、情绪问题，及时进行疏导和干预。经过努力，各高校已经逐步建立起一支专兼结合、相对稳定、素质较高的大学生心理健康教育和心理咨询工作队伍。

（五）高校辅导员队伍建设创新发展

根据2017年教育部颁发的《普通高等学校辅导员队伍建设规定》，辅导员具有9项工作职责：思想理论教育和价值引领、党团和班级建设、学风建设、学生日常事务管理、心理健康教育与咨询工作、网络思想政治教育、校园危机事件应对、职业规划与就业创业指导、理论和实践研究。[②]辅导员平时与大学生生活、工作在一起，最熟悉他们的思想动态和学习生活状况，是大学生理想教育的骨干力量。这一时期国内外形势发生了巨大变化，新情况、新问题不断出现，对高校思想政治教育提出了严峻的挑战，辅导员的工作能力与水平关系到思想政治教育各项任务能否落实到每个大学生的身上，直接关系到高校理想教育的成效。开启辅导员队伍专业化与职业化建设是高校思想政治工作发展的内在要求，也是辅导员自身发展的迫切需要。经过几十年的发展，高校辅导员队伍建设得到长足的发展。党的十八大以来，国家教育主管部门先后制定发布《普通高等学校辅导员培训规划（2013～2017年）》《高等学校辅导员职业能力标准（暂行）》《普通高等学校辅导员队伍建设规定》等，从战略层面强化辅导员

---

① 冯刚：《立标准 建机制 探索建设中国特色大学生心理健康教育工作体系》，《学校党建与思想教育》2014年第23期。

② 参见《普通高等学校辅导员队伍建设规定》，2017年9月29日，http://www.moe.gov.cn/srcsite/A02/s5911/moe_621/201709/t20170929_315781.html。

队伍建设，对辅导员队伍建设提出了更高、更明确的要求，不断推进高校辅导员队伍专业化与职业化建设创新发展。

一是辅导员队伍规模不断壮大，结构日趋优化。经过多年努力，各高校已经建立起一支以专职为主、专兼结合、数量充足、素质优良的辅导员工作队伍。专职辅导员从选聘开始就坚持高标准、严要求。目前，各高校招聘辅导员一般对学历和政治面貌都有硬性要求，学历为硕士及以上，政治面貌为中国共产党党员，要求具有较高的政治素质和坚定的理想信念，坚决贯彻执行党的基本路线和各项方针政策，有较强的政治敏感性和政治辨别力，具备扎实的专业知识。辅导员岗位要求越来越高，吸引力不断加强，逐渐成为比较受欢迎的择业方向。各高校根据《关于加强高等学校辅导员、班主任队伍建设的意见》科学合理地配备足够数量的辅导员和班主任。据教育部 2015 年统计，高校专职辅导员已经超过 13 万人[①]，基本达到"专职辅导员按 1∶200 的比例配备，保证每个院（系）的每个年级都有一定数量的专职辅导员"[②]的要求。如果说专职辅导员是高校理想教育的核心，阶段化、多样化的兼职辅导员则是有益且有效的补充，兼职辅导员包括党务工作人员、杰出校友、优秀在读研究生、青年教师、保留研究生入学资格做 1～2 年辅导员工作的本科毕业生等，他们来自不同的专业领域，工作时间灵活，工作思路新颖，能够充分发挥所长，从不同角度对大学生进行教育引导，与专职辅导员一起构建全方位的工作体系。其中，那些资历深、工作经验丰富且已经有所成就的老辅导员成为这支队伍的先头部队，"老带新"、"传帮带"、深入交流学习，带领着全体辅导员不断探索创新，增强凝聚力，提升整体专业知识水平、综合素质和专业能力。高校辅导员在实际工作中不断加强作风建设，严格自律、以身作则，一丝不苟完成各项工作任务，不断增强思想政治工作的亲和力和有效性，用爱心温暖大学生、关爱大学生，及时掌握大学生的思想、学习、生活状况，用个人魅力感染大学生，用身边小事管理、教育、引导新时代大学生，真正成为大学生的良师益友，帮助他们不断完善自我、健康成长。

---

① 参见冯刚：《改革开放以来高校思想政治教育发展史》，人民出版社 2018 年版，第 429 页。

② 《教育部关于加强高等学校辅导员、班主任队伍建设的意见》，2016 年 5 月 6 日，http://www.ausc.edu.cn/news/world/2016-05-06/838.html。

二是辅导员整体素质、工作能力得到不断提升。提升辅导员工作能力与水平、加强辅导员专业化建设是推进辅导员队伍建设的重要任务，高质量的培训和研修能够帮助辅导员实现全面提升，为培养更高质量的人才提供更有力的支撑。教育部不断加强顶层设计，推进辅导员培训和研修工作，经过前一阶段的努力，高校辅导员思想政治素质、职业素养、业务水平大幅提升。2013 年 5 月，教育部颁布《普通高等学校辅导员培训规划（2013～2017 年）》，以促进辅导员专业化、职业化和可持续发展为导向，指出要从思想政治理论教育、专业素养提升、职业能力培养三方面对辅导员进行培训，其中职业能力培养内容包括思想政治教育基本能力培训、大学生党建工作培训、学生事务管理培训、心理健康教育培训、运用网络能力培训和职业生涯规划培训。文件要求新任辅导员上岗前要参加不少于 40 个学时的岗前培训，辅导员在岗期间每年要参加不少于 16 个学时的在岗培训；同时，要求加大省级辅导员培训力度，确保每一名专职辅导员每 5 年参加 1 次国家级或省级培训。[①] 党的十八大以来，社会实践、国内交流、海外研修等培训项目更加丰富，高校辅导员获得了更多更优质的培训和实践资源，极大地促进了专业能力和职业素养的提升。除了参加各级别的培训和研修，教育部还定期组织举办全国高校辅导员职业能力大赛、全国高校辅导员工作创新论坛、全国高校辅导员优秀工作论文评选、全国高校辅导员年度人物评选等活动，为高校辅导员搭建了交流、展示的平台，有效推动了辅导员职业素养的提升。辅导员队伍理论研究水平同样也得了发展，截至 2017 年，在职攻读思想政治教育专业博士学位的辅导员总人数达到 1000 人，拥有硕士及以上学历的辅导员人数逐年上升；教育部思想政治工作司认定的全国高校辅导员工作研究指导性期刊《高校辅导员学刊》《高校辅导员》都已经走过十年的历程，有力地促进了高校辅导员工作的理论研究；教育部人文社科研究专项“高校思想政治工作”中设立的辅导员专项，为辅导员开展研究工作提供了有力支持。高校辅导员在工作中注重开展研究，准确把握隐藏在具体工作中的发展规律，

---

① 参见《中共教育部党组关于印发〈普通高等学校辅导员培训规划（2013～2017 年）〉的通知》，2013 年 5 月 6 日，http://www.moe.gov.cn/srcsite/A12/moe_1407/s3017/201305/t20130506_151815.html。

认真总结工作实践经验，有效促进了辅导员工作的科学性、规范性发展。各高校在职务晋升、福利待遇、专业培训等方面也给予辅导员相应的职业保障，坚持解决思想问题和实际问题相结合，加强人文关怀，完善激励政策，广大辅导员不断增强“四个意识”，坚定“四个自信”，做到“两个维护”，持续完善知识结构和技能水平，明确个人职业发展渠道，安心从事辅导员工作，工作成就感和归属感得到增强，工作积极性、主动性和创造性被大大激发。

三、党的十八大以来高校理想教育的特点

党的十八大以来，以习近平同志为核心的党中央把高校思想政治教育放在更加突出的位置，着眼“四个全面”的战略布局，提出许多新思想、新论断、新要求，成为新常态下加强和改进大学生理想教育的根本遵循。在我国步入决胜全面建成小康社会的关键时期，高校理想教育应对新形势、新变化、新挑战进行调整深化，在建设中国特色社会主义高校的方向指引下因事而化、因时而进、因势而新，在巩固前期成果中不断深化发展，不断提升科学化、规范化建设水平。

（一）高校理想教育在巩固前期成果中不断深化发展

党和国家围绕新的时代使命，宏观把控，紧密、周详部署，采取了加强和改进高校理想教育的顶层设计和具体措施。各高校扎实推进辅导员队伍建设、思想政治理论课程建设、马克思主义理论学科建设，高校理想教育在组织上、制度上、经费上得到更大的支持。各高校严格贯彻落实上级主管部门的指示，围绕立德树人根本任务，不断完善理想教育的工作机制，工作意识和工作思想得到进一步明确并深入拓展，高校理想教育得到蓬勃发展。一是党牢牢掌握对高校工作的领导权，牢牢把握对意识形态工作的领导权，使高校成为坚持党的领导的坚强阵地。各高校党委把思想政治工作摆在重要位置，形成党委统一领导、各部门各方面齐抓共管的工作格局。各高校党委承担思想政治工作主体责任，抓“一把手”工程，学校及学院党委书记带头上思政课，建立高校党委直接领导、分管校领导具

体负责的高校思想政治理论课领导体制，理想教育的工作机制更加完备、稳固，运行通畅、扎实推进，很好地保障了教育质量和效果。二是理想教育过程更加体现以人为本，更加凸显服务功能，内涵不断丰富，将心理健康教育、就业指导、职业生涯规划、社交情感、师生关系等融合，构成理想教育的重要角度和抓手，构建丰富的理想教育管理机制，实效性显著提高。三是应对网络信息时代的教育新任务、新使命，高校理想教育积极进行探索和创新，树立互联网思维，提高互联网使用能力，及时调整教育策略，既遵循理想教育的工作规律，又遵循学生成长规律，积极开展网络教育和服务，实现正确的舆论引导、教育服务，让理想教育真正活起来，增强时代感和吸引力，解决好大学生世界观、人生观、价值观这个“总开关”问题。

（二）高校理想教育不断提升科学化、规范化建设水平

高校紧密围绕立德树人的根本任务，理想教育始终贯穿培养社会主义合格建设者和可靠接班人的目标。党的十八大以来，经过各高校的实践探索和经验推广，高校理想教育与管理沿着更加规范化、制度化、科学化的方向不断发展。一是在体制机制建设方面，高校思想政治教育不仅从党委整体工作中相对独立出来，而且明确高校党委对思想政治教育管理的绝对领导责任，并对具体工作做出详细的要求，促使高校理想教育管理秩序稳定，管理架构不断完善，机构、队伍、学科不仅完全独立建设，还得到持续的推进发展。尤其是马克思主义理论学科规范化建设取得了前所未有的成绩，由外延式发展转向内涵式发展，逐步建设成为哲学社会科学优势学科。37 所全国重点马克思主义学院准确把握战略定位，推进学科发展，务实推进思想政治理论课改革，使理想教育真正做到“坚持政治性和学理性相统一，以透彻的学理分析回应学生，以彻底的思想理论说服学生，用真理的强大力量引导学生”①。二是在党中央的领导下，各高校全力架构思想政治教育的全员全程全方位体系，让“大思政”覆盖纵向到底、横向到边，全方位推进理想教育，多方面促进大学生全面发展。《中共

---

① 《习近平谈治国理政》第 3 卷，外文出版社 2020 年版，第 330 页。

中央、国务院关于加强和改进新形势下高校思想政治工作的意见》提出，坚持全员全程全方位育人，全员育人指的是高校所有教职员工都有育人职责，建立学校、家庭、社会、学生"四位一体"的育人机制；全程育人指的思想政治教育、理想教育贯穿大学生教育培养的全过程；全方位育人指的是利用各种教育载体实现教育目标。各高校全面围绕育人目标，面向全体大学生，关注每个大学生的全面发展，将理想教育贯通学科体系、教学体系、教材体系和管理体系。三是党中央、教育部出台多个政策文件加强思想政治教育专兼职队伍建设，提升了教育队伍的专业水平和职业能力，极大地推进了高校理想教育发展。在思想政治理论课教师队伍培养方面，党中央、教育部做好顶层设计，合理配备资源，突出精准施策，狠抓教育培训，注重提升师资队伍质量，把思想政治理论课教师队伍建设纳入教育事业发展和人才队伍建设的总体规划，遵循教学和研究规律，聚焦科研、课题、人才培养等方面，不断完善思想政治理论课教师队伍建设规划。在辅导员队伍建设方面，继续推进专业化与职业化建设创新发展，从战略层面设计推进辅导员培训和研修工作，对辅导员队伍建设提出了更高、更明确的要求；严格辅导员配备和选聘工作，同时合理规划、统筹安排，保证辅导员工作有条件、干事有平台、待遇有保障、发展有空间。党的十八大以来，各高校辅导员队伍规模不断壮大，结构日趋优化，辅导员整体素质、工作能力不断得到提升。

参考文献

一、专著类

[1]《毛泽东选集》第 4 卷，人民出版社 1991 年版。

[2]《邓小平文选》第 3 卷，人民出版社 1993 年版。

[3]中共中央文献研究室编:《十八大以来重要文献选编》(上)，中央文献出版社 2014 年版。

[4]中共中央文献研究室编:《十八大以来重要文献选编》(中)，中央文献出版社 2016 年版。

[5]中共中央党史和文献研究院编:《十八大以来重要文献选编》(下)，中央文献出版社 2018 年版。

[6]中共中央文献研究室编:《建国以来重要文献选编》，中央文献出版社 1992 年版。

[7]中共中央文献研究室编:《十六大以来重要文献选编(上、中、下)》，中央文献出版社 2011 年版。

[8]中共中央文献研究室编:《十七大以来重要文献选编(上、中、下)》，中央文献出版社 2009 年版。

[9]中共中央文献研究室编:《社会主义精神文明建设文献选编》，中央文献出版社 1996 年版。

[10]中共中央文献研究室编:《改革开放 30 年——决定当代中国命

运的重大抉择》,中央文献出版社 2008 年版。

[11]中共中央党史研究室编:《中国共产党新时期简史》,中共党史出版社 2009 年版。

[12]中共中央文献研究室编:《习近平关于实现中华民族伟大复兴的中国梦论述摘编》,中央文献出版社 2013 年版。

[13]中共中央宣传部编:《习近平新时代中国特色社会主义思想学习纲要》,学习出版社、人民出版社 2019 年版。

[14]中共中央宣传部编:《社会主义核心价值体系学习读本》,学习出版社 2009 年版。

[15]共青团中央、中共中央文献研究室编:《毛泽东　邓小平　江泽民论青少年和青少年工作》,中国青年出版社、中央文献出版社 2000 年版。

[16]中共中央党校毛泽东思想研究室编:《思想政治工作文献选编》,中共中央党校出版社 1989 年版。

[17]教育部社会科学司组编:《普通高校思想政治理论课文献选编(1949～2008)》,中国人民大学出版社 2008 年版。

[18]教育部思想政治工作司、教育部社会科学司、教育部高等学校社会科学发展研究中心组编:《聚焦:大学生关注的思想理论问题》,中国人民大学出版社 2008 年版。

[19]教育部课题组:《深入学习习近平关于教育的重要论述》,人民出版社 2019 年版。

[20]国家教育委员会政策法规司编:《十一届三中全会以来重要教育文献选编》,教育科学出版社 1992 年版。

[21]国家教育委员会政策法规司编:《中华人民共和国现行教育法规汇编(1990～1995)》(上、下),人民教育出版社 1998 年版。

[22]艾四林:《十八大以来党中央治国理政思想与思想政治教育》,中国文史出版社 2017 年版。

[23]"本书编写组":《中国共产党思想政治工作大事记(1921～1999)》,学习出版社 2000 年版。

[24]陈万柏、张耀灿:《思想政治教育学原理》,高等教育出版社 2007

年版。

[25]段忠桥主编:《建国以来普通高校马克思主义理论课和思想品德课课程设置及教学内容历史沿革资料汇编》(上、下),高等教育出版社2004年版。

[26]樊富民:《大学生心理健康教育研究》,清华大学出版社2002年版。

[27]冯刚主编:《改革开放以来高校思想政治教育发展史》,人民出版社2018年版。

[28]冯刚、郑永廷:《思想政治教育学科30年发展研究报告》,光明日报出版社2014年版。

[29]冯刚、孙雷:《新时代高校校园文化建设概论》,光明日报出版社2019年版。

[30]顾钰民主编:《高校思想政治理论课教学方法研究》,复旦大学出版社2012年版。

[31]顾海良:《高校思想政治教育导论》,武汉大学出版社2006年版。

[32]郭晓平主编:《中国共青团史》,华中师范大学出版社1992年版。

[33]何东昌主编:《中华人民共和国重要教育文献(1998~2002)》,海南出版社2003年版。

[34]何东昌主编:《中华人民共和国重要教育文献(1949~1975)》,海南出版社1998年版。

[35]胡绳主编:《中国共产党的七十年》,中共党史出版社1991年版。

[36]荆学民:《现代信仰学导引》,中国传媒大学出版社2012年版。

[37]李健主编:《中国教育年鉴(1949~1981)》,人民教育出版社1984年版。

[38]刘建军:《信仰书简——与当代大学生谈理想信念》,中国青年出版社2012年版。

[39]刘建军:《马克思主义信仰论》,中国人民大学出版社1998年版。

[40]彭绪琴:《当代大学生理想信念教育研究》,中共中央党校出版社2008年版。

[41]孙熙国:《中国传统文化与社会主义文化建设》,兰州大学出版社

2002 年版。

[42]石云霞:《新中国思想理论教育 60 年(1949～2009)》,华中科技大学出版社 2009 年版。

[43]石云霞:《高校思想政治理论课程建设史研究》,武汉大学出版社 2006 年版。

[44]翁铁慧:《大学生思想政治教育工作探索》,复旦大学出版社 2004 年版。

[45]杨化:《改革开放以来大学生社会实践研究》,群众出版社 2016 年版。

[46]姚启和主编:《90 年代中国教育改革大潮丛书·高等教育卷》,北京师范大学出版社 2002 年版。

[47]《中国教育年鉴》编辑部编:《中国教育年鉴》(1997～2004 年),人民教育出版社 1997～2004 年版。

[48]《中国教育年鉴》编辑部编:《中国教育年鉴》(2005～2009 年),人民教育出版社 2005～2009 年版。

[49]郑承军:《理想信念的引领与建构——当代大学生的社会主义核心价值观研究》,清华大学出版社 2010 年版。

[50][英]帕特丽夏·怀特:《公民品德与公共教育》,朱红文译,教育科学出版社 1998 年版。

[51][美]L.J.宾克莱:《理想的冲突——西方社会生活中变化着的价值观念》,马元德等译,商务印书馆 1983 年版。

[52][苏]阿尔纳乌托夫:《苏联学生的思想政治教育》,人民教育出版社 1955 年版。

二、期刊报纸类

[1]陈尚才:《21 世纪我国高等教育管理探析》,《甘肃省经济管理干部学院学报》2005 年第 4 期。

[2]陈文斌、张煜:《大学生理想信念教育实践的困境与选择》,《黑龙江高教研究》2011 年第 4 期。

[3]陈胜婷:《构建精神家园——对新时期大学生理想教育的几点思

考》,《西南民族学院学报》(人文社科版)2002 年第 9 期。

[4]冯刚、高静毅:《新时代高校思想政治理论课建设发展的四个重要问题》,《学生党建与思想教育》2018 年第 15 期。

[5]冯刚、严帅:《改革开放 40 年高校思想政治教育管理的发展历程》,《北京师范大学学报》(社会科学版)2019 年第 1 期。

[6]冯刚:《高校辅导员队伍专业化、职业化建设的发展路径——〈普通高等学校辅导员队伍建设规定〉颁布十周年的回顾与展望》,《思想理论教育》2017 年第 7 期。

[7]樊富民:《我国高校心理咨询活动的回顾与展望》,《青年研究》1993 年第 4 期。

[8]顾海良:《把弘扬和培育民族精神纳入国民教育和精神文明建设全过程》,《学校党建与思想教育》2003 年第 5 期。

[9]顾海良:《马克思主义中国化"历史路标"的探索》,《思想理论教育导刊》2011 年第 6 期。

[10]胡恒钊:《高校网络思想政治教育实施方法体系的构建》,《西南交通大学学报》(社会科学版)2014 年第 2 期。

[11]胡沫:《高校思想政治理论课的价值论》,《思想政治教育研究》2010 年第 3 期。

[12]荆学民:《论信仰的价值评价功能》,《人文杂志》2000 年第 6 期。

[13]荆学民:《当代中国社会转型期重建信仰的人的发展维度》,《人文杂志》1999 年第 4 期。

[14]李庆华:《素质教育视阈下理想信念教育理念的思考》,《思想政治教育研究》2006 年第 2 期。

[15]罗侦兰:《探索大学生理想信念教育的新载体》,《高教探索》2006 年第 5 期。

[16]刘建军:《高校培育和践行社会主义核心价值观的四个步骤》,《思想理论教育》2015 年第 2 期。

[17]刘建军:《习近平理想信念论述的历史梳理与理论阐释》,《河海大学学报》(哲学社会科学版)2015 年第 6 期。

[18]刘建军:《关于理想信念教育的几点理论思考》,《教学与研究》

2004 年第 11 期。

[19]刘建军:《社会主义荣辱观的时代内涵》,《党建研究》2006 年第 5 期。

[20]蒙丹、戴钢书:《新中国成立以来理想问题研究回顾与展望》,《电子科技大学学报》(社会科学版)2012 年第 2 期。

[21]马建青:《大学生心理健康教育课程 30 年建设历程与思考》,《思想理论教育》2016 年第 11 期。

[22]马文祥、马启民:《邓小平关于中国特色社会主义共同理想的阐释》,《思想政治教育研究》2012 年第 3 期。

[23]彭定光:《论大学生社会责任感的培养》,《现代大学教育》2006 年第 1 期。

[24]孙熙国:《中国优秀传统文化与当代青年发展》,《学校党建与思想教育》(高教版)2011 年第 31 期。

[25]孙熙国:《培育和践行社会主义核心价值观的基本途径》,《北京日报》2014 年第 1 期。

[26]孙熙国:《社会主义核心价值观是对时代问题的价值阐释》,《北大中国文化研究》2015 年第 9 期。

[27]石云霞:《党的十八大以来我国社会主义意识形态理论的新发展研究》,《南京政治学院学报》2015 年第 2 期。

[28]石云霞:《当代中国文化发展中的意识形态安全问题》,《中国特色社会主义研究》2012 年第 2 期。

[29]石云霞:《社会主义核心价值体系教育的基本要求》,《思想政治工作研究》2007 年第 3 期。

[30]栗玉楠、成雯:《理想信念教育:大学生思想政治教育的核心》,《广西教育学院学报》2012 年第 5 期。

[31]檀传宝:《简论学校德育的历史进程》,《清华大学教育研究》2000 年第 2 期。

[32]翁铁慧:《创新大学生思政教育队伍建设的理念与举措》,《中国高等教育》2005 年第 20 期。

[33]徐文良:《茹苦含辛　锲而不舍——思想政治教育学科建设历程的回顾与思考》,《思想教育研究》2005 年第 9 期。

[34]徐柏才:《必须大力加强大学生的理想信念教育》,《中南民族大学学报》(人文社会科学版)2005年第1期。

[35]袁贵仁:《建设社会主义核心价值体系》,《中国社会科学》2008年第1期。

[36]于华梅、陈雷:《20世纪我国高教管理体制两次重大改革的对比分析与发展趋势预测》,《辽宁教育研究》2007年第1期。

[37]杨蓓:《高校思想政治理论课教学与和谐社会建设》,《思想政治教育研究》2010年第4期。

[38]于涵、张瑜、李泽芳:《大学生中国特色社会主义理想信念状况调查分析——以首都五所重点高校部分大学生为样本》,《思想政治教育研究》2009年第5期。

[39]叶茂盛:《"中国梦"背景下当代青年理想信念教育实现路径探析》,《北京青年研究》2014年第1期。

[40]赵康太:《试论美国思想政治教育的社会化、具象化和实践化路径》,《思想理论教育导刊》2007年第4期。

[41]《习近平在全国高校思想政治工作会议上强调 把思想政治工作贯穿教育教学全过程 开创我国高等教育事业发展新局面》,《人民日报》2016年12月9日。

[42]《习近平在全国教育大会上强调 坚持中国特色社会主义教育发展道路 培养德智体美劳全面发展的社会主义建设者和接班人》,《人民日报》2018年9月11日。

[43]《青年要自觉践行社会主义核心价值观——在北京大学师生座谈会上的讲话》,《人民日报》2014年5月5日。

[44]《用新时代中国特色社会主义思想铸魂育人,贯彻党的教育方针落实立德树人根本任务》,《人民日报》2019年3月19日。

[45]《在纪念马克思诞辰200周年大会上的讲话》,《人民日报》2018年5月5日。

后　记

理想信念是人生的精神支柱，是社会前进的动力和民族兴旺的源泉。科学、坚定的理想信念能够赋予大学生顽强拼搏的意志和奋发向上、积极进取的力量。

大学生理想信念教育研究是大学生思想政治教育研究的核心内容，系统深入地研究高校理想教育对促进思想政治教育学科发展、丰富大学生思想政治教育理论具有重要意义。新中国成立后，高校理想教育已经走过了 70 多年的伟大历程，回顾其波澜壮阔的发展历程，总结 70 多年来高校理想教育的有效经验，把握 70 多年来高校理想教育发展的客观规律，对我们在新的时代背景下不断开创高校思想政治教育新局面、更好地培养中国特色社会主义事业的合格建设者和可靠接班人具有重要意义。

我国高校理想教育具有鲜明的时代属性，在不同时期有不同的目标、内容和特点。本书从历史发展的角度入手，对新中国成立以来 70 多年高校理想教育的基本历程、基本经验和发展轨迹进行总结与梳理，在考察我国高校理想教育的历史背景、主要内容、基本特点、基本路径和教育经验的基础上努力揭示高校理想教育发展的内在规律与发展趋势，实现理论逻辑与历史发展的统一。同时，结合当前全面贯彻落实全国思政会议精神和十九大精神、加强和改进高校思想政治工作、办好中国特色社会主义大学的时代背景，本书努力探索提升高校理想教育实效性长效机制的理论基础和有效组织模式。本书是教育部人文社会科学研究专项任务项目(中国特色社会主义理论体系研究)的研究成果。

特别感谢北京大学孙熙国教授的指导和帮助！本书的写作除了参考马克思主义经典著作以外，还参考了大量专家学者的研究成果，在此深表感谢！由于高校理想教育的内容甚为丰富，加之自身研究视野和能力的局限，对史料和史实的梳理和利用不够充分，书中难免存在诸多不足，敬请各位专家、读者批评指正。

作 者

2021 年 4 月 10 日